DON BOSCO
VERLAG

Die Deutsche Bibliothek – CIP-Einheitsaufnahme

Ein Titeldatensatz für diese Publikation ist
bei Der Deutschen Bibliothek erhältlich.

1. Auflage 2002 / ISBN 3-7698-1345-6

Umschlag und Layout: Margret Russer, München
Konzeption und Text der Schaubilder: Petra Lachnit
Satz: undercover, Augsburg
Produktion: Don Bosco Grafischer Betrieb, Ensdorf

Gedruckt auf umweltfreundlichem Papier.

Der Herausgeber **Frank Jansen** arbeitet als Referent beim Verband Katholischer Tageseinrichtungen für Kinder (KTK) – Bundesverband e.V. und ist Chefredakteur der pädagogischen Fachzeitschrift „Welt des Kindes".

ndertageseinrichtungen konkret Strategien für Ihren Erfolg

> Herausgegeben von Frank Jansen

Petra Lachnit

Don Bosco

Zeitmanagement für Erzieherinnen

Inhalt

Kapitel 3
Reine Zeitverschwendung: Tipps gegen Zeitfallen

Für Ihre Praxis: Arbeitshilfen und Formblätter

Vorwort

Petra Lachnit bringt es auf den Punkt: Immer mehr Erzieherinnen erleben, dass ihnen die Arbeitszeit nicht mehr ausreicht, um alle Aufgaben zufrieden stellend zu erledigen. Sie werden mit Erwartungen der Familien konfrontiert, die eine permanente Anpassung der Arbeit erfordern. Mit jedem neuen Angebot steigen die Ansprüche der Eltern, Arbeitsabläufe werden komplexer, Verwaltungsaufgaben nehmen zu, eine Flut von Informationen strömt täglich auf Kindertageseinrichtungen ein. Es fällt immer schwerer, sich auf das Wesentliche zu konzentrieren – und für konzeptionelles Arbeiten fehlt oft die Zeit.

Auch wenn es zunächst absurd klingen mag, aber gönnen Sie sich ein bisschen Ruhe und nehmen Sie sich die Zeit, dieses Buch durchzuarbeiten. Denn die Autorin beschreibt hier Wege, wie Sie letztlich Zeit gewinnen – Zeit für das, was Ihnen wirklich wichtig ist. Wie alle Titel der Reihe „Kindertageseinrichtungen konkret – Strategien für Ihren Erfolg" ist auch diese Publikation praxisnah geschrieben und eindeutig in den Lösungen, die Sie darin unterstützen, Ihren Berufsalltag noch besser zu beherrschen. Mit den vorgestellten Methoden arbeiten Sie sich Schritt für Schritt durch den Dschungel der Zeitfallen und nähern sich immer mehr der Kunst, Ihre Zeit optimal zu nutzen. Sie lernen, Prioritäten zu setzen, Aufgaben zu delegieren, sinnvolle Pausen zu machen und Zeitfresser zu entlarven. Also: Verschwenden Sie keine Zeit ...

Frank Jansen

Du liebe Zeit

Da habe ich einen gehört,
wie er seufzte: „Du liebe Zeit!"

Was heißt da „Du liebe Zeit"?
„Du unliebe Zeit" muss es heißen.

„Du ungeliebte Zeit!"
von dieser Unzeit, in der wir

leben müssen. Und doch:
Sie ist unsere einzige Zeit

unsere Lebenszeit.
Und wenn wir das Leben lieben

können wir nicht ganz lieblos
gegen diese unsere Zeit sein.

Wir müssen sie ja nicht genau so
lassen, wie sie uns traf.

Erich Fried

Kapitel 1

Die Kunst, sich selbst zu managen

Zeitnot und Leistungsdruck in Kindertageseinrichtungen

Befragt man Manager aus unterschiedlichsten Arbeitsbereichen, geben mehr als 90 Prozent an, ihnen würde die Arbeitszeit nicht ausreichen, um alle Aufgaben zufrieden stellend zu bewältigen. Auch in den sozialen Arbeitsfeldern verstärkt sich die Wahrnehmung, dass die zur Verfügung stehende Zeit nicht ausreicht. Je mehr das Aufgabenspektrum im Bereich der Kindertageseinrichtungen wächst, desto schneller steigen auch Zeitmangel, Leistungsdruck und Stressempfinden bei den Erzieherinnen.

Ursachen für Zeitmangel und Stress

Stillstand ist Rückschritt

Es gibt auch in sozialen Unternehmen keine Zeit mehr, sich auf Lorbeeren auszuruhen. Eltern nehmen mittlerweile ihre Kundenrolle wahr und vergleichen sehr genau Leistung, Angebote, Qualität und Familienfreundlichkeit von Kindertageseinrichtungen. Nicht mehr Wohnortnähe und Preisgestaltung sind alleiniges Auswahlkriterium, sondern auch Tages- und Ferienöffnungszeiten, Freundlichkeit des Personals, Flexibilität der Einrichtung und Leistungen, die deutlich über das Übliche hinausgehen.

Dickicht des Rollendschungels

Nur Erzieherin sind Sie schon längst nicht mehr. Von Eltern, Ihrem Träger, den Kindern, Ihren KollegInnen, der Gesellschaft wer-

den Ihnen immer neue Rollen zugeschrieben. Vielleicht gefallen Sie sich in der Rolle als Beraterin von Eltern, als Coach der Kollegin einer benachbarten Einrichtung, als Verantwortliche des mädchenspezifischen Projektes „starke Mädchen" Ihrer Einrichtung, als Kontaktperson für den Hauptsponsoren Ihrer Kindertagesstätte.
Gesagt hat Ihnen sicherlich niemand, wie Sie all diesen verschiedenen Rollen gerecht werden können. Gelernt haben Sie bestimmt nicht, wie Sie Ihre Zeit so einteilen können, dass noch etwas übrig bleibt, um auch Ihren privaten Rollen gerecht zu werden.

Routinetätigkeiten als Zeitfresser

Schriftliche Planung, statistische Erhebungen, Korrespondenz mit Behörden, Verbänden, Eltern, Dokumentation der geleisteten Arbeit durch Berichte, Protokolle, die Erreichbarkeit Ihrer Kindertagesstätte per Telefon, Fax und Email – stellen Sie sich eine Kindereinrichtung ohne all diese Tätigkeiten vor! Doch gerade Verwaltungsaufwand und Routinetätigkeiten scheinen zuzunehmen und rauben anderen wichtigen Aufgaben in der Kindertagesstätte viel Zeit.

Schneller Verfall von Information und Wissen

Wissen und Information veralten schnell. Der Ruf nach Wissensmanagement als Grundlage für qualifiziertes Arbeiten scheint berechtigt. Aus Fort- und Weiterbildung, gesellschaftlichen Strömungen, gesetzlichen Neuerungen, Fachliteratur und Informationstechnologie muss der bedeutsame Kern an Informationen herausgefiltert und für Ihre Kindertagesstätte und alle Ihre MitarbeiterInnen zum Umsetzen aufbereitet werden.

Menschliches Kapital der Einrichtung

Sicher denken Sie an dieser Stelle an Kinder und Eltern. Gänzlich unterbewertet als menschliches Kapital werden häufig die MitarbeiterInnen der Einrichtung. Und dies ganz zu Unrecht, wenn Sie bedenken, dass das System Kindertageseinrichtung ohne Sie und Ihre MitarbeiterInnen niemals funktionieren könnte. Überlegen Sie einmal, wieviel Zeit die Mitarbeiterentwicklung in Anspruch nimmt: Angefangen von der Auswahl neuer MitarbeiterInnen über die Einarbeitung, die Entwicklung durch Mitarbeitergespräche und Weiterbildungsmaßnahmen, die MitarbeiterInnenführung und die beständige Motivation der MitarbeiterInnen.

Leistung erfordert mehr Leistung

Ihre Einrichtung wird stets an dem Niveau gemessen, das Sie und Ihr Team bereits erarbeitet haben. Hat eine Kindertagesstätte beispielsweise ein Kinderkunstprojekt mit dem Höhepunkt einer beeindruckenden Vernissage durchgeführt, liegt die Messlatte hoch und damit steigen die Erwartungen an alle zukünftigen Projekte dieser Einrichtung.

Weiterentwicklung als Kreislauf

Die Weiterentwicklung der Kindertagesstätte gestaltet sich als Kreislaus, der permanent betrieben werden sollte. Der gelungenen Konzeption folgt das überzeugende Qualitätsmanagementsystem, die Kampagne der Öffentlichkeitsarbeit ist stimmig eingebettet in das Marketingkonzept ...

Missverhältnis von Ruhe und Aktion

Durch steigenden Wettbewerb und Schnelllebigkeit der Zeit herrscht auch in Kindertageseinrichtungen mittlerweile ein Ungleichgewicht zwischen Ruhe und Aktion. Ruhe meint hier allerdings nicht „Ausruhen“ oder „Nichtstun“, sondern die wichtige Phase des Normalen, des strukturierten und vertrauten Tageslaufs in der Kindertagesstätte. Mittlerweile vergeht kaum eine Woche, in der kein Höhepunkt, kein Projekt, kein Highlight dargeboten wird. So ist es schwer, vertraute Strukturen und Abläufe wachsen und sich bewähren zu lassen. Doch nur in solchen Phasen der Ruhe und Vertrautheit kann Kraft geschöpft werden und Fantasie und Kreativität für Neues wachsen.

Rahmenbedingungen, die nicht mitwachsen

Das Aufgabenspektrum in Kindertageseinrichtungen wuchs innerhalb der vergangenen Jahre stetig. Entwicklung von Konzept und Leitbildern, Erstellung eines handhabbaren Qualitätsmanagementsystems, werbewirksamer Internetauftritt, Führung der Einrichtung nach betriebswirtschaftlichen Grundsätzen, zusätzliche Leistungen, die durch Sponsoring ermöglicht werden, erfordern von LeiterIn und

ErzieherInnen kreatives Umdenken und ein Höchstmaß an Verantwortungsbewusstsein und Motivationsgabe. Die neuen Aufgaben werden dem „alten Bild" der ErzieherIn, die sich ausschließlich um pädagogische Belange kümmert, längst nicht mehr gerecht. Leider wirkte sich die Veränderung im Aufgabenspektrum weder auf die Ausbildung der zukünftigen ErzieherInnen, noch auf die Rahmenbedingungen der bereits in der Praxis stehenden ErzieherInnen aus.

Die nebenstehende Grafik (Seite 13) zeigt die Vielzahl an komplexen Aufgaben, die Sie als ErzieherIn oder LeiterIn in Kindertageseinrichtungen leisten.

Das einzige Mittel, Zeit zu haben,
ist sich Zeit zu nehmen.
Bertha Eckstein

Test zur Selbsteinschätzung

Nutzen Sie den Test auf Seite 14 zur Selbsteinschätzung. Machen Sie sich ein Bild davon, ob Ihr Zeit- und Selbstmanagement perfektioniert werden sollte. Falls Sie Verbesserungsbedarf erkennen, investieren Sie mit diesem Buch sinnvoll Ihre Zeit, indem Sie weiterlesen. Wenn nicht: Legen Sie dieses Buch zur Seite und verwenden Sie den Zeitgewinn für etwas, das Sie schon lange einmal tun wollten.

Aufgabenspektrum in Kindertageseinrichtungen

Bitte kreuzen Sie an, ob folgende Feststellungen auf Sie zutreffen.

Test zur Selbsteinschätzung	**trifft zu**	**trifft nicht zu**
Sie verwenden häufig Aussagen und Redewendungen, die sich auf die Zeit beziehen: „Dafür hab ich keine Zeit!“, „Wenn ich deine Zeit hätte!“, „Wie die Zeit vergeht!“	☐	☐
Oft verrichten Sie Dinge in allerletzer Minute.	☐	☐
Sie vergessen Termine und verpassen Fristen.	☐	☐
Ihr Schreibtisch ist überladen.	☐	☐
Sie suchen nach Sachen, die Sie selbst abgelegt haben.	☐	☐
Unerfreuliche Aufgaben schieben Sie lange vor sich her.	☐	☐
Sie verfangen sich in Kleinigkeiten und brauchen unnötig viel Zeit, weil Sie versuchen, eine Aufgabe möglichst perfekt zu lösen.	☐	☐
Sie haben häufig das Gefühl, die Arbeit wächst Ihnen über den Kopf.	☐	☐
Sie arbeiten meist unter Zeitdruck.	☐	☐
Immer wieder nehmen Sie ich vor, das nächste Mal zeitiger anzufangen und planvoller vorzugehen.	☐	☐
Sie erledigen oft Aufgaben, die andere genauso gut verrichten könnten.	☐	☐
Meist sind Sie mit den Arbeitsergebnissen der anderen nicht so ganz zufrieden.	☐	☐

→

Anzahl „trifft zu“	
Anzahl „trifft nicht zu“	
Gesamtzahl	12

Auswertung

Anzahl „trifft zu“	0 - 2

Glückwunsch! Sie sind sehr gut selbstorganisiert; auch planvolles Zeitmanagement bereitet Ihnen keine Probleme. Sie dürfen dieses Buch beruhigt zur Seite legen.

Anzahl „trifft zu“	3 - 4

Sie sind bereits auf einem viel versprechenden Weg. Nutzen Sie dieses Buch als weiterführendes Training und eignen Sie sich möglichst viele Details an.

Anzahl „trifft zu“	5 - 7

Sie haben einige Zeit- und Organisationsprobleme. Lernen Sie Ihre Schwachstellen kennen, und nutzen Sie aktiv die beschriebenen Techniken und Übungseinheiten, um dagegen anzugehen.

Anzahl „trifft zu“	8 - 12

Sie arbeiten mit Zeitnot, Stress und Leistungsdruck. Für Sie wird es höchste Zeit, umzudenken und umzulernen! Nutzen Sie das praxisnahe Training, um sich die Anspannung zu nehmen und Ihre vorhandenen Zeitreserven zu erkennen.

Tätigkeitsorientierte Aufgabenbewältigung: Keine Zeit für Zeitmanagement?

Nachdem wir unser Ziel aus den Augen verloren,
verdoppelten wir unsere Anstrengungen.
Mark Twain

Diese Äußerung charakterisiert Menschen, die sich von Ihrer Arbeit bestimmen lassen. Sie arbeiten nicht, sie „werden gearbeitet“. Solche Menschen arbeiten immer unter Zeitdruck, wollen alle Tätigkeiten der Reihenfolge nach erledigen, wie sie anfallen. Sie empfinden viele ihrer Tätigkeiten als Störung und handeln rein „tätigkeitsorientiert“.

Das Chaos auf dem Schreibtisch

Auch im Bereich der Kindertageseinrichtungen lauert die Falle, sich ausschließlich von Aufgaben bestimmen zu lassen und nur noch zu reagieren. Sie kennen sicher alle ähnliche Situationen: Auf Ihrem Schreibtisch stapeln sich Bücher, Abrechnungen und Briefe. Fachzeitschriften, Quittungen, Neuanmeldungen, Protokolle, Kopien und Rundschreiben sind aufgetürmt. Informationssendungen, Werbematerial und sämtliche unerledigte Aufgaben liegen auf dem Tisch. Haftnotizen mit Telefonnummern, Terminen und dringend zu Erledigendem mahnen –sorgsam verteilt – am Monitor ihres Computers. Ihr Alltag ist bereits so gefüllt mit Routinetätigkeiten, dass Ihnen nur wenig Zeit bleibt für die Aufgaben auf dem Schreibtisch. Gleichzeitig scheint es Ihnen so, als würden die Stapel auf dem Tisch schneller wachsen, als Sie in der Lage sind, die Türme zu abzutragen.

Während Sie die schriftlichen Aufgaben durchsehen, sind Sie unschlüssig, denn es fällt Ihnen schwer, die Entscheidung zu treffen, welche der Unterlagen zuerst bearbeitet werden soll. Gleichzeitig fühlen Sie sich unter Druck: Sie wollen möglichst keine Frist verpassen und alle Termine im Griff behalten. Je mehr Ihr Schreibtisch sich füllt, desto mehr Zeit benötigen Sie zum Umschichten und zum Suchen: Wo war noch gleich die Einladung zur Vernissage des Jugendzentrums? Der Termin für den Zukunftsworkshop müsste doch irgendwo auf dem rechten Stapel sein. Lag die Statistik für das Jugendamt nicht auf dem Poststapel? Die Haftnotiz mit der Telefonnummer der zuständigen Journalistin klebt nicht mehr am Bildschirm! – Wenn Ihnen solche Szenarien bekannt vorkommen, kennen Sie auch das Gefühl, am Ende des Arbeitstages oder der Arbeitswoche wieder nichts von dem geschafft zu haben, was Sie sich vorgenommen hatten. In dieser Situation steigen Leistungsdruck, Hektik und die Angst, der Situation nicht mehr gewachsen zu sein. Das Chaos hat Sie in der Hand.
Gleichzeitig stehen dem jedoch Ihre Hauptaufgaben gegenüber, nämlich qualifizierte pädagogische Arbeit zu leisten; es wird vorausgesetzt, dass Sie Ihr Fachwissen auf höchstem Niveau halten, die Organisation weiterentwickeln. Es wird von Ihnen verlangt, Routinetätigkeiten zu erledigen, MitarbeiterInnen zu motivieren und finanziellen Weitblick zu beweisen …

Unvorhergesehene Aufgaben

Stellen Sie sich nun einmal folgende Situation vor: Sie sind LeiterIn einer Kindertageseinrichtung. Es ist Montag. Sie haben sich für diesen Tag vorgenommen, den Geburtstag eines Kindes Ihrer Kindergruppe zu feiern. Sie beginnen Ihren Dienst planmäßig um 8.30 Uhr. Ihre Einrichtung öffnete bereits um 6.30 Uhr. Bei Ihrem Eintreffen finden Sie auf Ihrem Schreibtisch folgende Notizen vor:

- *Notiz 1*: Frau Huber bittet dringend heute vormittag um einen Gesprächstermin, da ihr Kind in letzter Zeit häufig mit stark verschmutzter Kleidung nach Hause kommt.
- *Notiz 2*: Anruf des Pfarrers, dass er heute gegen 9 Uhr vorbeikommt, um den Kindergottesdienst mit Ihnen zu besprechen.
- *Notiz 3*: Der Kopierer ist defekt. – Heute sollten die Einladungen zur Elternaktion kopiert und an die Eltern verteilt werden.
- Die Kollegin, die ihren Dienst um 6.30 Uhr begann, bestellt Ihnen, dass Frau Monk, die Erzieherin, die in dieser Woche zum Mittagsdienst eingeteilt ist, an Grippe erkrankte und die ganze Woche über ausfällt.
- Ihr Träger meldet sich telefonisch und möchte heute abend eine Kurzbesprechung mit Ihnen abhalten. Sie wollen nach Dienstschluss jedoch dringend ein privates Geschenk besorgen.
- Eine Erzieherin braucht Ihre Hilfe beim Erstellen eines Unfallberichts.
- Ein Vertreter ruft an und möchte Ihnen telefonisch viele Artikel zu besonders günstigen Preisen zum Kauf anbieten.
- Die Elternbeiratsvorsitzende kommt auf Sie zu und bittet um einige Informationen.
- Frau Schutter, die nun 14 Tage mit Ihrem Kind verreist war, steht in der Türe und möchte Ihnen vom Urlaub berichten.
- Sie wollen dringend Ihre Vorbereitungszeit nutzen, um ein Fördergespräch mit der Berufspraktikantin, das morgen stattfinden soll, vorzubereiten.

Ziellose Aufgabenerledigung bringt Hektik und Druck

Wenn Sie nun ohne Ziel an diese Aufgaben herangehen, um Sie zu erledigen, handeln Sie rein tätigkeitsorientiert. Sie werden vom Tagesgeschäft und immer neuen Aufgaben und Terminen „aufgefressen". Sie könnten versuchen, die Aufgaben der Reihe nach zu bewältigen, sich

freizustrampeln und werden doch nur reagieren, weil Ihnen kein gedankliches Potenzial mehr zum Agieren zur Verfügung steht.
Führen Sie diese Aufgaben tätigkeitsorientiert aus, werden Sie schnell bemerken, wie Sie zunehmend unter Druck geraten und immer hektischer handeln. Dadurch werden Ihnen Fehler unterlaufen, Sie treffen unkluge Entscheidungen, Sie können sich auf Situationen nicht mehr genügend einlassen. Wichtige Informationen bleiben Ihnen verborgen, weil Sie nur noch mit „halbem" Ohr hinhören können, da Sie bereits überlegen, wie Sie die nächsten Tätigkeiten in den Griff bekommen werden.

Arbeiten nach Tätigkeitsorientierung

Elterngespräche

Urlaubsvertretung

Mitarbeitergespräche

Lehrergespräche

Protokolle, Dokumentationen, Schriftverkehr

Statistiken

Vorbereitung von Inputs, Besprechungen

Pressegespräche

PR-Maßnahmen

Dienstbesprechung

Krankheitsvertretung

Kooperation, Vernetzung

Praktikantenanleitung

Pädagogische Vorbereitung: Aktionen, Projekte

Post

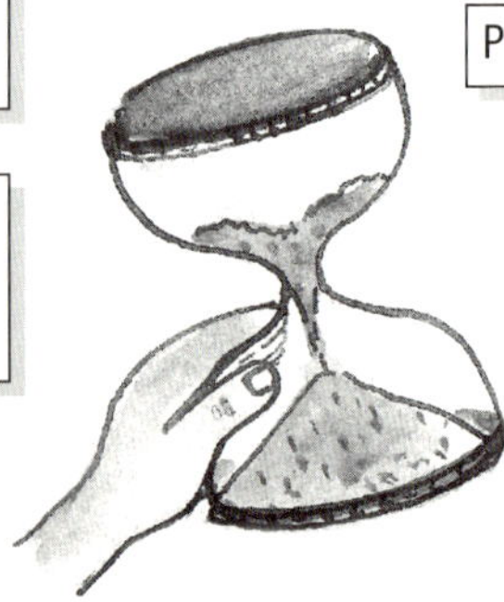

Trägertermine

Telefon

Elternabende

Finanzverwaltung

Homepagepflege

Feste, Feiern

Zielorientierte Aufgabenbewältigung: Aktion statt Reaktion

Besser beraten ist der Bedächtige als der Schnelle.
Nur wer Weg und Ziel kennt, kommt von der Stelle.
Carl Peter Fröhling (1933)

Im Zeitmanagement heißt die Devise: „Zielorientierung" statt „Tätigkeitsorientierung". Ziele bestimmen Ihr Leben und geben Ihnen Antrieb und Dynamik. Entscheidend und gleichzeitig recht schwierig ist es, das Ziel zu kennen. Den Weg zur Erreichung des Ziels einzuschlagen, fällt viel leichter, als das Ziel selbst zu benennen. Doch nur wenn Sie wissen, wohin Sie wollen, können Sie darauf hinarbeiten, die richtige Richtung einzuschlagen. Denn: Wer Ziele verwirklichen will, muss sie kennen und planen. „Das" Ziel schlechthin existiert nicht, es gibt vielmehr große und kleine, nahe und ferne, berufliche und private Ziele. Beim Formulieren von Zielen ist es wichtig, einige Grundsätze zu beachten (Quelle: www.zeitzuleben.de/inhalte/persoenlichkeitsentwicklung/ziele)

Festlegung von Zielen

Legen Sie beim Festlegen von Zielen Wert auf

- **die angemessene Größe des Ziels** – Ziele, die zu komplex formuliert sind, erscheinen unerreichbar und werden daher kaum verwirklicht.
- **die positive Formulierung des Ziels** – Negativformulierungen in Zielen schrecken eher ab.
- **die Formulierung im Präsens** – Präsens aktiviert zum sofortigen Tun, Futur dagegen liegt in der Zukunft, in weiterer Ferne, die Verwirklichung hat scheinbar viel Zeit.
- **möglichst viele Details im Ziel** – damit legen Sie sich von Beginn an fest und treffen bereits hilfreiche Aussagen, auf welche Art und Weise Sie Ihr Ziel erreichen.
- **die Messbarkeit des Ziels** – ohne Messbarkeit gelingt es Ihnen nicht, festzustellen, ob Sie Ihr Ziel verwirklichen konnten. Nehmen Sie exemplarisch „Glück" als Ihr Ziel an, sollten Sie festlegen, welche Umstände Sie erreichen wollen, damit Sie sich als glücklich bezeichnen.

- **die Beeinflussbarkeit des Ziels** – Ziele, die Sie nicht selbst beeinflussen können, sind Wünsche. „Ich möchte im deutschen Winter Durchschnittstemperaturen von 20 Grad Celsius." Dies ist kein Ziel, da Sie das Wetter nicht beeinflussen können.
- **Ziele, die nicht von anderen Personen abhängen** – „Ich möchte, dass mein Träger sich ändert." Ein solches Ziel muss scheitern, da Sie das Verhalten Ihres Trägers in der Regel nur sehr bedingt beeinflussen können. Ihre Ziele sollten immer von Ihrer Person ausgehen. Ein Ziel könnte beispielsweise lauten: „Ich ändere mein Verhalten meinem Träger gegenüber, indem ich mich auf Gespräche bestens vorbereite und selbstbewusster auftrete."
- **schriftliches Festhalten des Ziels** – Aufschreiben zwingt Sie zur Präzisierung Ihres Ziels und erleichtert Ihnen die Kontrolle, ob das Ziel erreicht wurde.
- **das Notieren der konkreten Schritte, die Sie tun, um Ihr Ziel zu erreichen** – durch das Aufzeigen der Schritte, die Sie zum Ziel führen, zerlegen Sie dieses Ziel bereits in kleine Teilziele. Damit machen Sie sich das Erreichen des Ziels viel leichter und überschaubarer. Immer dann, wenn Sie wieder ein Teilziel geschafft haben, motivieren Sie sich selbst zum Weitermachen.

Schreiben Sie nicht:	**Schreiben Sie:**
Ich möchte beruflich zufrieden sein.	Ich besuche eine Fortbildung und bewerbe mich gezielt auf Leitungsstellen.
Ich möchte fit sein.	Ich mache jeden Morgen 30 Minuten Gymnastik.
Ich will das Betriebsklima verbessern.	Ich nehme mir täglich mindestens fünf Minuten Zeit für ein Gespräch mit meinen MitarbeiterInnen. **Oder:** Ich setze mich für einen gemeinsamen Betriebsausflug und eine gemeinsame Weihnachtsfeier ein.

Setzen Sie sich nun einmal ehrlich mit Ihren Zielen auseinander. Fragen Sie sich dabei: Was will ich sowohl beruflich als auch privat kurzfristig, mittel- und langfristig in meinem Leben noch erreichen? Nehmen Sie sich mindestens 15 Minuten Zeit und üben Sie sich im Formulieren Ihrer eigenen Ziele.

Meine privaten Ziele

Langfristige Ziele (Lebensziele)	______
Mittelfristige Ziele (5 Jahre)	______
Kurzfristige Ziele (dieses Jahr)	______

Meine beruflichen Ziele

Langfristige Ziele (Lebensziele)	______
Mittelfristige Ziele (5 Jahre)	______
Kurzfristige Ziele (dieses Jahr)	______

Schriftliche Tagesplanung

Einige gute Gründe, die für die schriftliche Tagesplanung sprechen:

- **Zwang zur Präzision:** Indem Sie Ihr Ziel niederschreiben, legen Sie sich präzise auf Ihre Aufgabe fest. Schwammige Formulierungen und Undurchsichtiges haben hier nichts zu suchen.
- **Entlastung Ihres Gedächtnisses:** Sie notieren jede Aufgabe, die Ihnen einfällt, in Ihr Zeitplansystem. Nichts kann mehr in Vergessenheit geraten: Termine, Aufgaben, Ziele, geplante Vorhaben sind schriftlich fixiert. Damit befreien Sie Ihr Gedächtnis von unnötigem Ballast und schaffen neue Kapazitäten für Wissenswertes, Kreativität und Fantasie.
- **Vermittlung von Sicherheit:** Es wird Ihnen nicht mehr passieren, dass Sie nachts aus dem Schlaf schrecken, in der Angst, etwas Wichtiges zu verpassen, denn dies ist bereits in Ihrem Zeitplansystem gespeichert.
- **Konzentration auf wichtige Aufgaben:** Da alle Aufgaben in Ihrem Zeitplansystem niedergeschrieben sind, können Sie sich in Ruhe mit der Aufgabe beschäftigen, die Sie gerade erledigen wollen. Wenn etwas Unvorhergesehenen dazwischenkommt, halten Sie es in Ihrem Aufgabenkatalog fest und kehren konzentriert zu Ihrer derzeitigen Aufgaben zurück.
- **Verpflichtung zur Selbstdisziplin:** „Aufschieberitis" und die Tendenz, ungeliebte Aufgaben vor sich her zu schieben, werden durch die schriftliche Tagesplanung deutlich vermindert. Durch die Verschriftlichung von Aufgaben verpflichten Sie sich selbst, diese umgehend zu erledigen.
- **Leichtere Delegation von Aufgaben:** Alle Ziele, die Sie sich notierten, müssen nicht zwingend von Ihnen selbst erledigt werden. Viele Aufgaben lassen sich delegieren; anhand Ihres Zeitplansytems halten Sie fest, wer diese Aufgabe bis wann ausführen soll und kontrollieren schließlich nur noch die Ausführung.
- **Selbstkontrolle des eigenen Arbeitsverhaltens:** Sie sehen, wieviel Zeit Sie für welche Aufgaben verwenden. „Zeitfallen" springen durch die schriftliche Tagesplanung rasch ins Auge. Merken Sie beispielsweise, dass Sie sehr viel Zeit dazu verwenden, Post und Anfragen schriftliche zu beantworten, stellen Sie Ihr Arbeits-

verhalten um: Schreiben Sie kurze Antwort-E-mails, Faxe oder antworten Sie rasch telefonisch.

- **Dokumentation eigener Aktivitäten:** Das Gefühl „heute habe ich wieder nichts von dem erledigt, was ich eigentlich vorhatte", nimmt rapide ab. Sie sehen Ihre Leistungen schriftlich vor sich und quittieren jede erledigte Aufgaben als Erfolgskontrolle mit einem Häkchen.
- **Berücksichtigung von Unvorhergesehenem:** Lassen Sie in Ihrer Tagesplanung genügend Freiraum, um Unvorhergesehenes zu bewältigen. Pro Tag sollten Sie circa 20 Prozent Ihrer Zeit als so genannte Pufferzeiten und 20 Prozent als kreatives Potenzial unverplant lassen.
- **Steigerung der individuellen Leistung:** Alles in allem werden Sie bereits nach kurzer Zeit bemerken, dass Sie mehr Aufgaben erledigen oder Aufgaben in kürzerer Zeit erledigen, als Ihnen dies ohne schriftliche Tagesplanung und ohne Zielorientierung gelang. Das Gefühl des „Zerrissenseins" bleibt aus und Sie erlangen eine wesentliche höhere Arbeitszufriedenheit.

Wie kann es Ihnen gelingen, zielorientiert zu arbeiten?

Wenn Sie sich die schriftliche Tagesplanung zu Nutze machen, handeln Sie nach den Prinzipien:

- Zielbildung
- Planung
- Durchführung
- Kontrolle

Als erstes notieren Sie Ihr Ziel, dann planen Sie die Schritte, mit denen Sie Ihr Ziel erreichen wollen und halten diese schriftlich fest. Danach ist es an der Zeit, die Handlungen, die Sie in der Planung festgeschrieben haben, in einer angemessenen Zeit auszuführen. Hinterher prüfen Sie, ob Ihr Ziel erreicht wurde. Haben Sie dies geschafft, werden Sie Ihre nächsten Ziele anvisieren. Sollte Ihre Prüfung nicht erfolgreich verlaufen sein, müssen Sie nachbessern, um Ihr Ziel doch noch zu erreichen. Vielleicht war der zeitliche Rahmen zu eng gesteckt oder es lag an der zu komplexen Formulierung Ihres Zieles. In diesem Fall sollten Sie Ihr Ziel konkreter formulieren oder in kleinere Teilziele zerlegen.

Im folgenden Schaubild wird die schriftliche Tagesplanung anhand der Schritte Zielbildung, Planung, Durchführung und Kontrolle veranschaulicht. Die Zielorientierung liegt in diesem Beispiel auf dem Vorhaben, die MitarbeiterInnenmotivation in einer Kindertageseinrichtung innerhalb eines festgelegten Zeitraumes zu erhöhen.

Zielorientierung

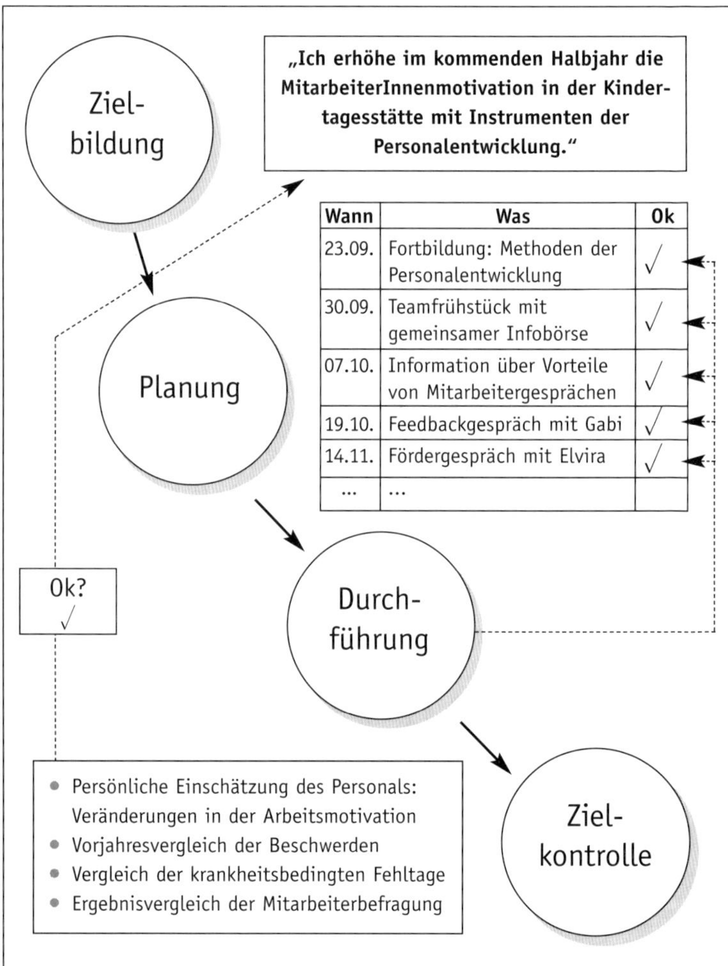

Wann	Was	Ok
23.09.	Fortbildung: Methoden der Personalentwicklung	√
30.09.	Teamfrühstück mit gemeinsamer Infobörse	√
07.10.	Information über Vorteile von Mitarbeitergesprächen	√
19.10.	Feedbackgespräch mit Gabi	√
14.11.	Fördergespräch mit Elvira	√
...	...	

Zeitplansysteme

Verpflichten Sie sich, Ihre Ziele zu verfolgen!

Ein Zeitplansystem hilft Ihnen dabei, Ihre Ziele auch tatsächlich zu erreichen. Mit einem auf Ihre Bedürfnisse abgestimmten System können Sie Ihre Ziele planen, bei der Durchführung stets am Ball bleiben und die Zielerreichung kontrollieren. Bei den derzeit gängigen Zeitplansystemen unterscheidet man zwischen

- elektronischen Systemen
- flexibel zusammenstellbaren Systemen auf Ringbuchgrundlage

Die folgende Übersicht stellt die Vor- und Nachteile der wichtigsten elektronischen und konventionellen Zeitplansysteme gegenüber (Quelle: www.methode.de).

Überblick über Zeitplansysteme

Vorteile	Nachteile	Beispiel
PC oder Notebook mit Software zur Terminplanung		
• für Personen, die häufig am PC arbeiten • günstig, wenn Sie oft unterwegs sind und bereits ein Notebook besitzen • netzwerkfähige Terminplanung möglich • keine zusätzlichen Kosten, wenn Zeitplansoftware bereits im Softwarepaket Ihres PC's enthalten ist	• setzt gewisse PC-Kenntnisse vorraus • unhandliche Größe • Daten müssen v.a. bei Terminplanung im Netzwerk gewissenhaft aktualisiert und gepflegt werden • hohe Anschaffungskosten, wenn Software und Notebook gekauft werden	• Software: Lotus Organizer (sehr übersichtlich, nutzerfreundlich, Oberfläche ist traditionellen Zeitplanbüchern angeglichen, läuft unter Windows) • Software: Microsoft Outlook (im Softwarepaket von Microsoft enthalten, allerdings weniger übersichtlich)
Mini- Organizer		
• wenig Gewicht • sehr handliches Format • erschwinglicher Preis • Daten werden über PC gepflegt und auf Mini-Organizer heruntergeladen	• nichts für Technikscheue • Datenverwaltung nur über PC möglich, keine direkte Eingabemöglichkeit	• Franklin (Rex) • Casio

Vorteile	Nachteile	Beispiel
Electronic Organizer mit Stiftbedienung und Palmtops (Tastatur)		
• handliches Format • PC-unabhängig, durch Dateneingabe über Stift oder Tastatur • viele Zusatzfunktionen (je nach Gerät verschieden) wie Adressverwaltung, Kalender, to do-Liste, Merkzettel, E-mail-Funktion, Internetzugang ...	• hoher Anschaffungspreis • gewisse Einarbeitung, um Geräte anwenden zu können	• Casio • Compaq • Hewlett Packard • Psion • Sharp • 3Com (Palm III)
Zeitplanbuch		
• handliche Größe • verschiedene Formate wählbar (A6, A5) • technikunabhängig • handschriftliche Führung • Ringbuch • Inhalt kann individuell zusammengestellt werden: diverse Register, Tages-, Wochen-, Monats-, Jahrespläne, Projektplanung, Aufgabensteuerung, Mindmapvorlagen... • Jahresinhalt zum Nachkaufen • Archivierung von Vergangenem möglich	• Einarbeitungszeit, Handling muss erlernt werden • Gefahr der reinen Terminverwaltung (Kalender!) • hohe Erstanschaffungskosten • jährliche anfallende Kosten (neuer Jahresinhalt)	• Time System • Tempus • Filofax • diverse No-name-Anbieter (günstig, jedoch teilweise keine Möglichkeit zum Nachkaufen der Inhalte)

Welches Zeitplansystem Sie auswählen, ist reine Frage Ihres Bedarfs, des Geschmacks und selbstverständlich auch des Budgets – entscheidend ist jedoch einzig allein das Handling. Ein Zeitplansystem ist kein Terminkalender!

Zeitplanung ist mehr als Terminverwaltung

Wer seinen Zeitplaner nur benutzt, um Termine zu verwalten, unterschätzt den effektiven Nutzen eines solchen Systems. Ihr Zeitplansystem ist – konsequent angewendet – ein entscheidender Faktor für Ihren persönlichen Erfolg. Sie nutzen die Tages- oder Wochenplanung Ihres Systems, indem Sie den Termin, die Uhrzeit und Ihr Ziel, das Sie erreichen wollen, notieren. Es wäre zu wenig, wenn Sie, wie es in der Praxis häufig geschieht, nur eintragen würden: *„10 Uhr – Frau Safir (Elterngespräch)"* Warum führen Sie das Gespräch mit Frau Safir? Was wollen Sie erreichen? Wie lautet Ihr Ziel? Ihr Ziel ist nicht der Termin mit Frau Safir, sondern etwas Konkretes, das Sie durch Ihr Gespräch erreichen wollen. Notieren Sie im Falle von Frau Safir: *„10 Uhr – Elterngespräch: Frau Safir (Zweck) – Frau Safirs Einverständnis erreichen, ergotherapeutische Hilfe für ihre Tochter anzunehmen." (Ziel)*

Monats- und Jahresüberblick

Fester Bestandteil Ihres Zeitplansystems ist neben dem Tagesplan der Monats- und Jahresüberblick. Alle festen Termine und bereits bekannten Vorhaben halten Sie stichpunktartig im Jahres- und Monatsüberblick fest. Wenn der betreffende Monat aktuell ist, übertragen Sie diese feststehenden Aufgaben oder Tätigkeiten in Ihre Tages- oder Wochenplanung. Ob Sie sich in Ihrem Zeitmanagement für eine Tagesplanung oder eine Wochenplanung entscheiden, bleibt Ihnen überlassen. Probieren Sie aus, was Ihnen besser liegt. Wenn Sie noch ungeübt im Formulieren von Zielen sind, ist die Tagesplanung für Sie sicher geeigneter. Sie bietet mehr Raum und Übersicht für Sie. Falls Sie sich für ein Zeitplanbuch entscheiden, sollten Sie Ihre Eintragungen immer mit Bleistift vornehmen. Elektronische Datenverwaltung bietet hier den Vorteil, dass nicht mehr aktuelle Termine einfach und zeitsparend gelöscht oder geändert werden können. Im Zeitplanbuch liefert ausschließlich der gute alte Radiergummi die Möglichkeit der Aktualisierung von veralteten Daten. Bedenken Sie, wie häufig Terminänderungen in Ihrer Einrichtung stattfinden. Notizen mit Kugelschreiber würden ein Überschreiben und Durchstreichen provozieren und damit rasch für ein Ende der Klarheit und Übersicht sorgen. Die folgenden Übersichten zeigen, wie die Aufgabe „Personaleinführung" von der Jahres-, über die Monats- bis zur Tagesplanung schrittweise konkretisiert wird.

Jahresüberblick

Januar	Februar	März	April	Mai	Juni	Juli	August	September	Oktober	November	Dezember
1	1	1	1	1	1	1	1	1 neues Personal	1	1	1
2	2	2	2	2	2	2	2	2	2	2	2
3	3	3	3	3	3	3	3	3	3	3	3
4	4	4	4	4	4	4	4	4	4	4	4
5	5	5	5	5	5	5	5	5	5	5	5
6	6	6	6	6	6	6	6	6	6	6	6
7	7	7	7	7	7	7	7	7	7	7	7
8	8	8	8	8	8	8	8	8	8	8	8
9	9	9	9	9	9	9	9	9	9	9	9
10	10	10	10	10	10	10	10	10	10	10	10
11	11	11	11	11	11	11	11	11	11	11	11
12	12	12	12	12	12	12	12	12	12	12	12
13	13	13	13	13	13	13	13	13	13	13	13
14	14	14	14	14	14	14	14	14	14	14	14
15	15	15	15	15	15	15	15	15	15	15	15
16	16	16	16	16	16	16	16	16	16	16	16
17	17	17	17	17	17	17	17	17	17	17	17
18	18	18	18	18	18	18	18	18	18	18	18
19	19	19	19	19	19	19	19	19	19	19	19
20	20	20	20	20	20	20	20	20	20	20	20
21	21	21	21	21	21	21	21	21	21	21	21
22	22	22	22	22	22	22	22	22	22	22	22
23	23	23	23	23	23	23	23	23	23	23	23
24	24	24	24	24	24	24	24	24	24	24	24
25	25	25	25	25	25	25	25	25	25	25	25
26	26	26	26	26	26	26	26	26	26	26	26
27	27	27	27	27	27	27	27	27	27	27	27
28	28	28	28	28	28	28	28	28	28	28	28
29		29	29	29	29	29	29	29	29	29	29
30		30	30	30	30	30	30	30	30	30	30
31		31		31		31	31		31		31

Monatsüberblick September

01 Mo	08:00 Uhr – neues Personal – 2 Personaleinführungsgespräche
02 Di	
03 Mi	
04 Do	
05 Fr	
06 Sa	
07 So	
08 Mo	
09 Di	
10 Mi	
11 Do	
12 Fr	
13 Sa	
14 So	
15 Mo	
16 Di	
17 Mi	
18 Do	
19 Fr	
20 Sa	
21 So	
22 Mo	
23 Di	
24 Mi	
25 Do	
26 Fr	
27 Sa	
28 So	
29 Mo	
30 Di	

Tagesplan für Montag, 01. September

Uhr	Geplante Zeit	Aufgabe, Aktion	Ziel	Benötigtes Material	ok?
07:00					
08:00	60 Min	Personaleinführung: Erzieherin Personaleinführung: Berufspraktikantin	Vermitteln von wichtigen Infos Vermitteln von Sicherheit	Konzeption Personal- ablage	
09:00					
10:00					
11:00					
12:00					
13:00					
14:00					
15:00					
16:00					
17:00					
18:00					

Erinnern Sie sich noch an das Beispiel vom chaotischen Montag? Versuchen Sie nun einmal selbst, anhand der folgenden Tagesplanung, Ordnung und Struktur in das Chaos zu bringen. Damit Ihnen die Zeit erspart bleibt, immer wieder zurückzublättern, hier noch einmal das Beispiel:

Stellen Sie sich einmal Folgendes vor: Sie sind LeiterIn einer Kindertageseinrichtung. Es ist Montag. Sie haben sich für diesen Tag vorgenommen, den Geburtstag eines Kinder mit Ihrer Kindergruppe zu feiern. Sie beginnen Ihren Dienst planmäßig um 8.30 Uhr. Ihre Einrichtung öffnete bereits um 6.30 Uhr. Bei Ihrem Eintreffen finden Sie auf Ihrem Schreibtisch folgende Notizen vor:

- Frau Huber bittet dringend heute vormittag um einen Gesprächstermin, da ihr Kind in letzter Zeit häufig mit stark verschmutzter Kleidung nach Hause kommt.
- Anruf des Pfarrers, dass er heute gegen 9 Uhr vorbeikommt, um den Kindergottesdienst mit Ihnen zu besprechen.
- Der Kopierer ist defekt. (Heute sollen die Einladungen zur Elternaktion kopiert und an die Eltern verteilt werden.)
- Die Kollegin, die ihren Dienst um 6.30 Uhr begann, bestellt Ihnen, dass Frau Monk, die Erzieherin die in dieser Woche zum Mittagsdienst eingeteilt ist, an Grippe erkrankte und die ganze Woche über ausfällt.
- Ihr Träger meldet sich telefonisch und möchte heute abend eine Kurzbesprechung mit Ihnen abhalten. Sie wollen nach Dienstschluss jedoch dringend ein privates Geschenk besorgen.
- Eine Erzieherin braucht Ihre Hilfe beim Erstellen eines Unfallberichtes.
- Ein Vertreter ruft an und möchte Ihnen telefonisch viele Artikel zu besonders günstigen Preisen zum Kauf anbieten.
- Die Elternbeiratsvorsitzende kommt auf Sie zu und bittet um einige Informationen.
- Frau Schutter, die nun 14 Tage mit Ihrem Kind verreist war, steht in der Türe und möchte Ihnen vom Urlaub berichten.
- Sie wollen dringend Ihre Vorbereitungszeit nutzen, um ein Fördergespräch mit der Berufspraktikantin, das morgen stattfinden soll, vorzubereiten.

Tagesplan für Montag, ...

Uhr	Geplante Zeit	Aufgabe, Aktion	Ziel	Benötigtes Material	ok?
07:00					
08:00					
09:00					
10:00					
11:00					
12:00					
13:00					
14:00					
15:00					
16:00					
17:00					
18:00					

Vermutlich ist es Ihnen ohne große Mühe gelungen, die Aufgaben in den Tagesplan zu übertragen. Als ein Beispiel von sicherlich vielen möglichen Lösungsmustern und zum Vergleich oder als Alternative zu Ihrem Entwurf kann Ihnen der folgende Tagesplan dienen.

Tagesplan für Montag, ...

Uhr	Geplante Zeit	Aufgabe, Aktion	Ziel	Benötigtes Material	ok?
08:00					
	10 Min	• Anruf Pfarrer • Anruf Frau Huber • Anruf Träger	* Verlegen des Termins auf Mi * Verlegen des Termins auf Di, 9:30 Uhr * Vorverlegen des Termins auf 16 bis 16:30 Uhr.	* Tel: 285677 * Tel: 456211 * Tel: 213499	
09:00	20 Min	• Vertretungsplan	* Erstellen des Wochenvertretungsplan (Mittagsdienst) * Kurzinfo u. -besprechung mit den betroffenen ErzieherInnen.	* Arbeitsplan * Überstundenliste	
	03 Min	• Fr. Schutter soll in Abholzeit berichten.	* Verständnis bei Frau Schutter erreichen.		
10:00	60 Min	• Geburtstagsfeier	* Gemütliches Feiern des 6. Geburtstages von Kathrin	* Geschenk * Geschirr * Spiele	
11:00		Pufferzeit			
12:00	10 Min	• Gespräch mit Elternbeirätin	* Kurzinfo * Klärung der wichtigsten Fragen	* Tops der Stadtteilsitzung	
13:00	10 Min	• Gespräch mit Nina • Gespräch mit Sandra	* Delegation: Nina führt die ErzieherIn ins Ausfüllen des Unfallberichts ein. * Sandra informiert Reparaturdienst für Kopierer und kopiert Unterlagen im Copyshop	* Versicherungsordner	
14:00	02 Min	• Weiterleiten des Telefonats	* Weiterleitung des Vertreteranrufs an Annette (Zuständig für Bestellungen und Preisvergleiche)		
15:00	60 Min	• Vorbereiten des Fördergesprächs	* Herausarbeiten der Schwerpunkte „Umgang mit Kritik und Weiterentwicklung"	* Fachliteratur, Vorlagen	
16:00	15 Min	• Gespräch mit Träger	* Festlegen der Tops der nächsten Sitzung	* Arbeitsplan * Protokollbuch, Vorüberlegungen	
	15 Min	• Tagesplanung von morgen	* Planen des nächsten Tages mit 20 Prozent Pufferzeit	* Timer, Tagesplan	
17:00	10 Min	• Gespräch mit Frau Schutter	* Aufmerksamkeit für Frau Schutter		
18:00	15 Min	• Einkaufen	* Passendes Geschenk auswählen		

Zusammenfassende Tipps zur effizienten Nutzung Ihres Zeitplansystems:

- **Schaffen Sie sich gezielt Überblick.** Dies gelingt Ihnen, indem Sie Jahresübersicht, Monatsübersicht und Tagesplan (oder alternativ Wochenplan) konsequent nutzen.
- **Sparen Sie Ihre kostbare Zeit.** Sie schaffen dies, indem Sie täglich maximal zehn Minuten Zeit investieren. Verwenden Sie die letzten fünf bis zehn Minuten Ihres Arbeitstages für die Planung Ihres nächsten Tages.
- **Planen bedeutet nicht verplanen.** Planen Sie sinnvoll, realistisch und lustbetont. Lassen Sie genügend Zeit frei für Unvorhergesehenes. Vergessen Sie nicht: Kreativität und Fantasie brauchen gedankliche Freiräume. Gute Ideen, von denen Ihre Einrichtung profitiert, entstehen nicht in den zwei Minuten, in denen Sie zu Ihrem nächsten Termin hetzen.
- **Behalten Sie Ihr Ziel im Auge.** Nutzen Sie die Tages- oder Wochenplanung, indem Sie zum Termin und der Aufgabe, die ansteht, immer Ihr Ziel notieren. Checken Sie nach Abschluss der Aufgabe, ob Sie Ihr Ziel erreicht haben.
- **Nutzen Sie Ihr Zeitplansystem ganzheitlich.** In Ihr eigenes Zeitplansystem gehören alle Ihre Termine, Aufgaben und Ziele, Ihre beruflichen wie Ihre privaten. Wenn Sie zwei Zeitplansysteme führen, oder nur die beruflichen Aspekte festhalten, wird es schnell zu Kollisionen kommen.

Ihr Zeitplansystem ist viel mehr als ein Terminkalender!

Tätigkeit- und Zielorientierung im Vergleich

Tätigkeitsorientierung	Zielorientierung
Zeit...	
... wird stets als Mangel empfunden: • Ihre Zeit reicht nicht, um die Aufgaben zu erledigen. • Ihr Tag hat nicht genügend Stunden.	**... steht als planbare Größe zur Verfügung:** • Sie teilen Ihre Zeit realistisch ein. • Sie verplanen niemals mehr als 60 Prozent Ihrer Zeit. • Die restliche Zeit nutzen Sie als Puffer für Unvorhergesehenes und als kreatives Potenzial.
Aufgaben...	
... dominieren Ihren Alltag: • Ihr Tagesablauf wird von äußeren Bedingungen bestimmt. • Leistungsdruck entsteht durch zusätzliche Aufgaben. • Dringende Aufgaben erledigen Sie in letzter Minute. • Tätigkeiten werden häufig bis zum allerletzten Zeitpunkt aufgehoben.	**... werden je nach Zeitbudget eingeteilt:** • Sie zerlegen größere Aufgaben in kleinere Tätigkeiten und planen die Durchführung. • Sie richten Ihre Arbeit an Tageszielen aus. • Wenn es möglich ist, delegieren Sie Aufgaben. • Sie halten alle Aufgaben, die nicht erledigt sind, schriftlich fest.
Ziele...	
... existieren in Form von guten Vorsätzen und Wünschen: • Sie wollen gerne strukturierter arbeiten. • Sie nehmen sich vor, das nächste Mal zeitiger zu beginnen.	**... werden erkannt, benannt und geplant:** • Sie kennen Ihre Ziele. • Sie planen überschaubare und erreichbare Ziele. • Sie verwirklichen Ihre Ziele.
Selbstwahrnehmung...	
... ist defizitär und von Selbstzweifeln geprägt: • Sie wollen alles perfekt erledigen, merken aber, dass Ihre Zeit immer knapper wird. • Sie haben immer häufiger das Gefühl, Ihrer Arbeit nicht nachzukommen. • Sie haben Angst, Termine und wichtige Aufgaben zu verpassen oder zu vergessen. • Sie fühlen sich oft überlastet oder gestresst. • Sie nehmen alle Aufgaben an. • Sie glauben, andere könnten besser mit der Zeit umgehen.	**... ist geprägt durch Zufriedenheit und Selbstbewusstsein:** • Sie streben keine perfekten Lösungen an und sind zufrieden, wenn Sie eine Aufgabe möglichst gut erledigen. • Sie sind selbstbewusst genug und nehmen nicht jede neue Aufgabe an, die an Sie herangetragen wird.. • Sie erleben ein Zeitplansystem als Hilfe und nutzen es, indem Sie alle Aufgaben und Ziele schriftlich fixieren.

Kapitel 2

Das Einmaleins des Zeitmanagements

Entscheiden

Perfektionismus ist keine Stärke

Und gäbe es die letzte Minute nicht,
so würde niemals etwas fertig.
Mark Twain

Auf ein effektives Zeit- und Selbstmanagement übertragen, bedeutet dieses bekannte Sprichwort, dass eine Zeitersparnis dann eintritt, wenn Sie vom Perfektionismus abrücken und lernen, mit einem guten Ergebnis zufrieden zu sein.
Sie sollten dieses Kapitel weiterlesen, wenn Ihnen mindestens eine der folgenden Situationen bekannt vorkommt:

- Der Elternbrief ist geschrieben und korrekturgelesen. Sie sind jedoch der Meinung, dass an einigen Formulierungen noch geschliffen werden könnte. Deshalb investieren Sie Zeit, um sprachliche Verbesserungen zu finden und überarbeiten den Brief noch zwei- bis dreimal.
- Das Plakat ist fertig und kann vervielfältigt und ausgehängt werden. Im Team herrscht die Ansicht vor, dass man noch ein wenig am Layout feilen könnte. Würde das Plakat nicht perfekter wirken, wenn die Schrift größer und vielleicht sogar unterstrichen wäre? Ein Rand könnte die Wirkung verstärken, noch mehr Aufmerksamkeit auf das Plakat lenken. Verschiedene Verbesserungen sollten ausgearbeitet werden und schließlich dem gesamten Team zur Auswahl vorgelegt werden …

- Sie wollen auf einem Arbeitskreis über eine Fortbildung berichten, an der Sie kürzlich teilnahmen. Sie setzen sich das Ziel, eine besonders imposante und einprägsame Schilderung abzuliefern. Die Gliederung, die Ihnen als Redevorlage dient, gehen Sie immer wieder durch und fügen Verbesserungen ein. Zudem bereiteten Sie Anschauungsmaterial vor und kopierten Skripten für alle KollegInnen. Ihre Vorbereitungszeit in der Einrichtung reicht dazu bei Weitem nicht aus. Sie nutzen zwei Wochenenden, bis sie schließlich zufrieden sind. Der Bericht über Ihre Fortbildung im Arbeitskreis dauert 30 Minuten.
- In Ihrer Einrichtung steht ein großes Kinderfest an. Obwohl die Planung bereits steht, fällt Ihnen und Ihrem Team immer wieder Neues dazu ein. Sie nutzen bis zum Tag des Festes jede Teambesprechung, um all die kreativen Ideen einzubringen und noch zusätzlich zu verwirklichen.
- Sie erwarten Gäste für eine private Feier. Sie wollen als perfekte Gastgeberin auftreten und überlegen bereits Wochen vorher, welche Tischdekoration am besten wirken könnte. Obwohl Sie die Anzahl der Gäste genau wissen, kaufen Sie übermäßig viel ein – aus Angst, Essen und Getränke könnten nicht reichen. Die Vorbereitungen kosten Sie sehr viel Zeit, denn Sie möchten die Speisen in bestmöglicher Qualität reichen.

Perfektionismus beansprucht viel Zeit, bremst Ihre Energie und kostet Ihre Einrichtung letztlich Geld. Wenn Sie gefährdet sind, nach Perfektionismus zu streben, befinden Sie sich in einem Kreislauf, der aberwitzig erscheint. Ihr Ziel ist es, eine bestimmte Aufgabe zu erledigen. Sie streben Zufriedenheit und Anerkennung an, deshalb wollen Sie diese Aufgabe perfekt erledigen. Die eigentliche Aufgabe ist rasch erfüllt, nun verfangen Sie sich in Kleinigkeiten, beginnen, zu korrigieren, zu feilen, zu verbessern und zu optimieren. Wenn Sie die Aufgaben abschließen, bleibt die angestrebte Zufriedenheit jedoch aus. Denn die Zeit, die Sie zur Erledigung Ihrer Aufgabe verbrauchten, steht in keinem Verhältnis zur eigentlichen Arbeit. Die viele Zeit, die Sie für Ihren Feinschliff verwendeten, stellt für Außenstehende meist eine Veränderung dar, die kaum oder gar nicht bemerkt wird. Und genau diese Zeit, die Sie für nicht wahrnehmbare Optimierungen einsetzten, fehlt Ihnen jetzt für neue Aufgaben, die Sie ja wiederum so perfekt wie möglich ausführen wollen. Sie befinden sich bereits mitten in der Perfektionismusfalle.

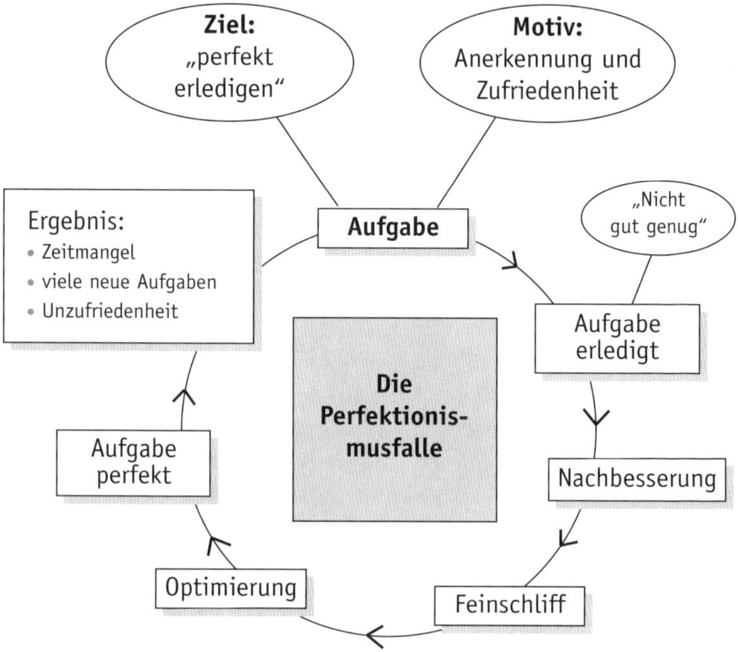

Wie lässt sich gegen die Perfektionismusfalle vorgehen?

Damit Sie sich aus der Perfektionismusfalle befreien oder nicht in den Sog der Perfektion geraten, sollten Sie dreierlei lernen:

- **Konzentrieren Sie sich auf wesentliche Aufgaben:**
  Setzen Sie bei Ihrer Arbeit Schwerpunkte und gewinnen Sie Abstand von der Arbeitshaltung, dass Sie alles selbst, sofort und perfekt erledigen müssen. Fragen Sie sich bei jeder neuen Aufgabe, ob Sie von Ihnen selbst oder auch von anderen erledigt werden könnte.
- **Planen Sie einen möglichst effektiven Zeiteinsatz:**
  Nehmen Sie sich nur soviel Zeit, wie Sie brauchen, um eine Aufgabe konzentriert fertigzustellen. Hüten Sie sich jedoch davor, die

erledigte Aufgabe nochmals verbessern zu wollen und mehr und mehr ins Detail zu gehen. Dadurch verschwenden Sie Ihre kostbare Arbeitszeit. Es steht in keinem Verhältnis, wenn Sie als Fachkraft ein Ergebnisprotokoll in 15 Minuten anfertigen, danach mehrmals an Formulierungen feilen, das Layout perfektionieren und so zwei Stunden Arbeitszeit für eine einzige Protokollanfertigung brauchen.

- **Trainieren Sie die Zufriedenheit mit einem guten Arbeitsergebnis:**
  Jedes Arbeitsergebnis könnte immer wieder verbessert werden. Streben Sie deshalb nicht nach Hundertprozentlösungen. Zeigen Sie sich mit weniger zufrieden und loben Sie sich für die Zeit, die Sie durch Ihre neuerworbene Einstellung gewonnen haben.

Das 20-80-Prinzip nach Pareto

Der italienische Volkswirtschaftler Vilfredo Pareto (1848–1923) gelang zu einer Erkenntnis, die das Zeitmanagement bis zum heutigen Tage entscheidend beeinflusst. Pareto erkannte, dass 20 Prozent der Bevölkerung 80 Prozent des Volksvermögens besaßen (Seiwert 2000, Marchand 2001). Daraus entwickelte Pareto das 20-80-Prinzip, das besagt, dass dieses Regelverhältnis auch auf andere Bereiche übertragen werden kann.

Auf den Verkaufsbereich übertragen, bedeutet es:
20% der Kunden bringen 80% des Umsatzes.
20% der Produkte erzielen 80% des Gewinns.
20% der Verkäufer erzielen 80% des Verkaufserfolgs.

Auf den privaten Bereich zugeschnitten, sagt es aus:
20% der Tageszeitung enthalten 80% der Nachrichten.
Auf 20% der Wohnungsfläche konzentrieren sich 80% des Schmutzes.
20% unserer Kleidung tragen wir 80% der Zeit.

Auf den Bereich Arbeitsorganisation in Kindertageseinrichtungen bezogen, heißt das:
20% der Besprechungszeit bewirken 80% der Beschlüsse.
20% der MitarbeiterInnen verursachen 80% der Fehltage.
20% des Zeitaufwandes sichern 80% der Ergebnisse.

20% des Arbeitsaufwandes bringen 80% der Resultate.
20% der Schreibtischarbeit ermöglicht 80% des Arbeitserfolges.
20% des Fachbuches erhalten 80% der Informationen.
20% des Machbaren sparen 80% der Energie.

Wenn Sie folglich eine beliebige Arbeit in 10 Teile unterteilen und davon die beiden wichtigsten Teile – also 20 Prozent – erledigen, haben Sie bereits 80 Prozent des Erfolges in der Tasche. Im Umkehrprinzip heißt das, dass im Arbeitsverhalten zu viel Zeit verschwendet wird. Denn immer wenn mit 20 Prozent Zeitaufwand bereits 80 Prozent des Ergebnisses gesichert sind, versucht man mit 80 Prozent der Zeit die restlichen und geringen 20 Prozent des Ergebnisses zu erreichen.

Aufgaben delegieren, streichen, vereinfachen

Sie können also getrost Arbeiten um 80 Prozent erleichtern, indem Sie Aufgaben streichen, delegieren, vereinfachen und Sie werden dennoch 80 Prozent der Ergebnisse erreichen. Ein solches Ergebnis liegt weit über dem Durchschnitt, darauf können Sie sehr stolz sein. Denn bedenken Sie: Wenn Sie eine hundertprozentige Lösung anstreben, werden Sie bei dieser Tätigkeit 80 Prozent Ihrer Zeit verschwenden. Mit allen nachfolgenden Aufgaben geraten Sie also zwangsläufig unter Zeitdruck – und damit wird jedes nachfolgende Arbeitsergebnis kein 80-prozentiger Erfolg sein können. Gerade wenn Zeitnot und Arbeitsdruck vorhanden ist, können Sie mit dem Pareto-Prinzip unendlich viel Zeit sparen und gleichzeitig gute Ergebnisse präsentieren.

Das Pareto-Prinzip

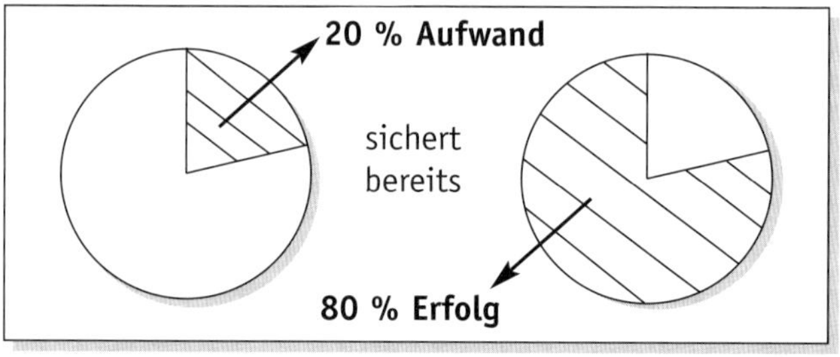

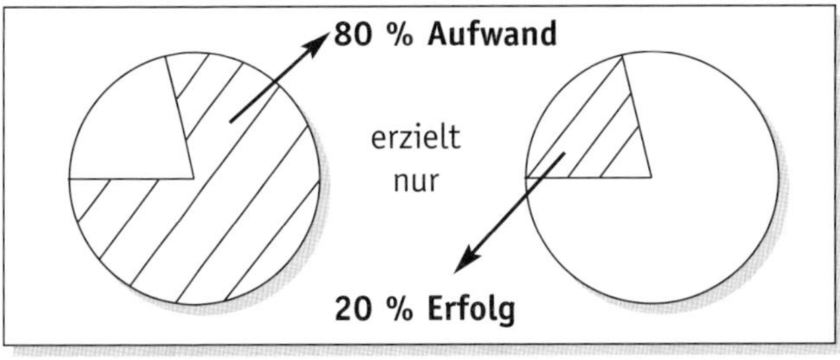

Zeit sparen durch sinnvolle Prioritäten

Lassen Sie sich bei Ihrer Zielsetzung nicht von „Scheinwichtigkeiten" von Ihrem Weg der Zielerreichung abbringen. Immer dann, wenn Sie sinnvolle Prioritäten setzen wollen, sollten Sie lernen, Dringendes von Wichtigem zu unterscheiden. Häufig wird Wichtigkeit mit Dringlichkeit verwechselt. Allerdings bestehen zwischen beiden eklatante Unterschiede.

Alle Dinge haben nur den Wert,
den man ihnen verleiht.
Jean Baptiste Molière (1622–1673)

Dringlichkeit:

- Dringende Arbeiten setzen Sie zeitlich unter Druck.
- Sie reagieren, indem Sie die Aufgabe möglichst rasch bearbeiten.
- Dringende Aufgaben sind meist tätigkeitsorientiert und selten zielorientiert.
- Dringendes hat selten mit der Tätigkeit zu tun, die Sie sich als Ziel setzten.
- Die Erledigung dringender Aufgaben wird oft als unbefriedigend wahrgenommen.
- Es gibt weitaus mehr dringende Aufgaben als wichtige.

Wichtigkeit:

- Wichtige Aufgaben bringen Sie näher zu Ihrem Ziel.
- Bei der Bewältigung von wichtigen Aufgaben agieren Sie. Dabei ist Weitblick, Verantwortung und selbstgesteuertes Handeln nötig.
- Sie werten die Erledigung von wichtigen Aufgaben als Erfolg und erleben sich zufrieden.
- Wichtige Aufgaben kommen weniger häufig vor als dringende.

	Wichtigkeit	Dringlichkeit
Handlungsgrund	Ziel, eigene Intention, selbstbestimmt	Zeit, Arbeitsdruck, fremdbestimmt, externes Verlangen
Planung	langfristig	kurzfristig
Durchführung	zielgerichtete Aktion	Reaktion auf bestimmte Umstände
Ergebnis	Zielerreichung	Erledigung einer Aufgabe
Persönliche Wertung	Erfolg, Zufriedenheit, Eigenlob	Unzufriedenheit, Stress, Gefühl der Fremdbestimmung
Häufigkeit	weniger häufig	sehr häufig

Die Kunst des Selbstmanagements liegt im einfachen Grundsatz, wichtige Aufgaben von dringenden Aufgaben zu unterscheiden. Entscheidend für den Erfolg ist es, sich zuerst den wichtigen Aufgaben zu widmen.

Was hier so simpel klingt, ist in der Praxis hochkompliziert: Der Mensch tendiert dazu, sich vorrangig um Dringendes zu kümmern; manch einer lässt sich bei der Aufgabenbewältigung leicht von seinen Zielen abbringen, indem er sich von eigenen Vorlieben leiten lässt; andere wiederum erledigen Aufgaben ausschließlich unter Zeit- oder Erwartungsdruck. Wir alle müssen regelrecht lernen, sich zuerst Wichtigem zuzuwenden und dringende, jedoch unwichtige Arbeiten zu ignorieren oder zu delegieren.

Wie lässt sich Wichtiges und Dringendes auseinander halten?

Nehmen Sie das Eisenhower-Prinzip zu Hilfe. Nach dem amerikanischen General und späteren Präsidenten Eisenhower wurde ein Prinzip benannt, das Ihnen im Zweifelsfalle auf einfache Art und Weise bei der Unterscheidung hilft (Quelle: www.methode.de/am/zm/amzm002.htm).

Eisenhower's Prinzip stellt zwei Fragen:

1. Ist die Aufgabe wichtig oder unwichtig?
2. Ist die Aufgabe dringend oder nicht dringend?

Aus der Beantwortung dieser Fragen entstehen vier Gruppen von Aufgaben:

- Wichtige und gleichzeitig dringende Aufgaben
- Wichtige, jedoch nicht dringende Aufgaben
- Dringende, jedoch nicht wichtige Aufgaben
- Nicht dringende und gleichzeitig nicht wichtige Aufgaben

Befolgen Sie das Eisenhower-Prinzip, können Sie folgendermaßen mit diesen vier Gruppen umgehen:

- Aufgaben, die unwichtig und nicht dringend sind, dürfen Sie getrost ignorieren.
- Dringende, jedoch nicht wichtige Aufgaben können Sie delegieren.
- Wichtige Aufgaben, die nicht drängen, übertragen Sie in Ihr Zeitplansystem und erledigen Sie zur rechten Zeit.
- Wichtige und gleichzeitig dringende Aufgaben erledigen Sie sofort.

Das Eisenhower-Prinzip

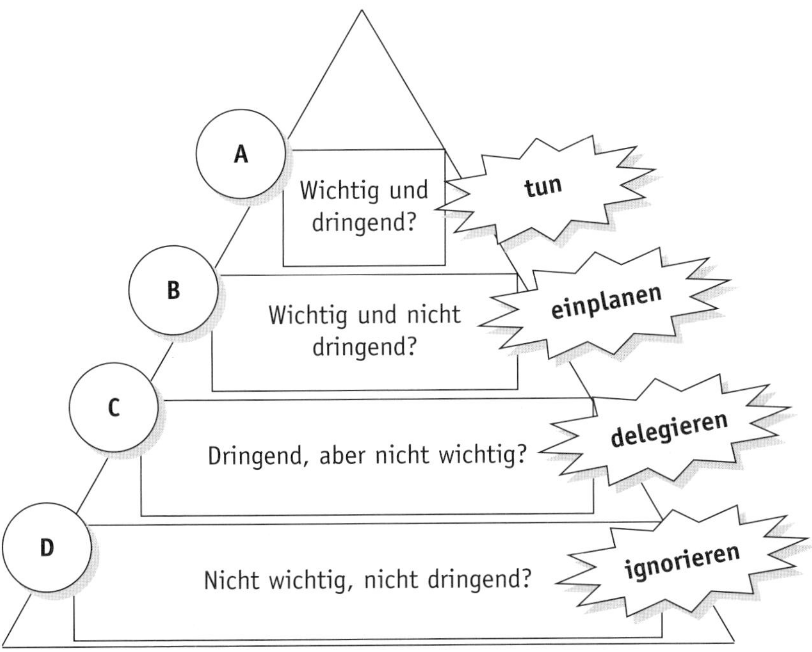

Beobachten Sie sich selbst und die Aufgaben, mit denen Sie in den kommenden Tagen konfrontiert werden, einmal sehr intensiv. Verpflichten Sie sich, eine Woche lang alle Aufgaben, die neu an Sie herangetragen werden, zu notieren. Danach überprüfen Sie Ihre Aufgaben mit Eisenhowers Augen. Testen Sie sich selbst, und schreiben Sie hinter Ihre Aufgaben die jeweils nach Eisenhower zutreffende Kategorie. Seien Sie ehrlich zu sich selbst! Was fällt Ihnen auf? Sicherlich erkennen Sie, dass auch in Ihrem Wochenrhythmus diejenigen Aufgaben überwiegen, die ignoriert oder delegiert werden können. Erst dann folgen zahlenmäßig die Tätigkeiten, die zwar wichtig aber nicht dringend sind, die also von Ihnen mit Besonnenheit eingeplant werden können. Am wenigsten häufig kommen solche Aufgaben vor, die wichtig sind und keinerlei Aufschiebung erlauben.

Ihre Aufgaben am **Montag**

____
____
____
____
____
____

Ihre Aufgaben am **Dienstag**

____
____
____
____
____
____

Ihre Aufgaben am **Mittwoch**

____

____

____

____

____

____

Ihre Aufgaben am **Donnerstag**

____

____

____

____

____

____

Ihre Aufgaben am **Freitag**

____

____

____

____

____

____

Vergleichen Sie nun die Eisenhowersche Bewertung mit Ihrer Vorgehensweise. Bemerken Sie Übereinstimmungen? Sicher ist Ihr individuelles Herangehen auch von Faktoren wie der Tagesform und der Tagesarbeitszeit abhängig, die Ihnen insgesamt noch zur Verfügung steht, wenn eine bestimmte Aufgabe an Sie herangetragen wird. Aber bei ehrlichem Betrachen wird Ihnen wahrscheinlich eine ganze Menge auffallen: Tendieren Sie dazu, Aufgaben, die wichtig sind und einer sofortigen Erledigung bedürfen, aus Unsicherheit vor sich herzuschieben? Wie viele Aufgaben wurden im Beobachtungszeitraum dieser einen Woche von Ihnen selbst verrichtet, die Kolleginnen oder Eltern Ihrer Einrichtung gut übernehmen konnten? Warum fällt es Ihnen so schwer, unwichtige und nicht eilige Tätigkeiten zu ignorieren – etwa weil es sich dabei um Ihre Lieblingstätigkeit handelte? Bringen Sie sich selbst in Zeitnot, indem Sie wichtige, aber planbare Aufgaben direkt erledigen, weil Sie befürchten, Sie könnten ansonsten in Vergessenheit geraten?

Für den Fall, dass Sie sich in diesem Fragenkatalog wiedererkennen, werden im Folgenden einige Methoden zur Prioritätensetzung vorgestellt, die die Unterscheidung von wesentlichen und unwesentlichen Aufgaben erleichtern und Ihnen Zeit sparen helfen. Ziel des Prioritätenprinzips ist die Konzentration der Kräfte auf das Wesentliche. Wenn es Ihnen gelingt, konsequent nach Prioritäten zu arbeiten, so können Sie stets sicher sein, dass Sie Ihre wichtigsten Aufgaben bearbeiten. Die gängigste Form der Klassifizierung nach Prioritäten ist die ABC-Analyse, daneben gibt es folgende Möglichkeiten, Aufgaben nach Prioritäten einzuteilen:

- Prioritätensetzung mit der ABC-Analyse
- Prioritätensetzung durch gezielte Fragestellungen
- Prioritätensetzung mit Farbgebung
- Prioritätensetzung mit Symbolen
- Prioritätensetzung mit Mind-map

Das Wichtige erhält erst
durch das Unwichtige Profil.
Elfriede Hablé

Prioritäten mit der ABC-Analyse

Die ABC-Analyse hilft Ihnen, alle Ihre Aufgaben mittels der Zuordnung von Buchstaben zu kategorisieren. Dabei fällt jedem der drei Buchstaben eine unterschiedliche Wertigkeit zu. Der Buchstabe A kommt bei dieser Technik die höchste Priorität zu. Aufgaben, die mit dem Buchstaben A versehen sind, sind gleichzeitig wichtig und dringend. A-Aufgaben müssen sofort von Ihnen persönlich bearbeitet werden.

Der Buchstabe B steht in dieser Bewertung für mittlere Prioriät. Aufgaben, die Sie mit B versehen sind wichtig, jedoch nicht dringend. Diese Aufgaben können Sie in Ihrer Tages- oder Wochenplanung berücksichtigen. B-Aufgaben lassen sich unter Umständen delegieren. Als dringend, aber keinesfalls wichtig stellen sich C-Aufgaben heraus. C-Aufgaben sind meist Routineaufgaben, die Sie zwischendurch gerne als „entspannende Aufgaben" erledigen dürfen. Allerdings eigen sich C-Aufgaben sehr zum Einsparen von Zeit, indem sie an befugte Personen delegiert werden.

Bedeutung der Prioritäten A, B und C

	A-Priorität	B-Priorität	C-Priorität
Wertigkeit	wichtig und dringend	wichtig	dringend
Wann erledigen?	sofort; so schnell wie möglich	ist planbar	rasch
Delegation möglich?	nein	eventuell	ja
Bearbeitung überhaupt erforderlich?	ja	ja	nein, könnte evtl. auch unterbleiben
Beispiel	• Beschwerden aller Art (Personal, Kinder, Eltern ...)	• Maßnahmenkatalog für Öffentlichkeitsarbeit, Sponsoring • Personalentwicklung (Förder-, Feedbackgespräche) • Konzeptentwicklung	• Einzelmaßnahmen für Öffentlichkeitsarbeit (Grußkartenaktion, Verteilen von Einladungen, Koordinieren des Rücklaufs) • Preisvergleich zur Prüfung kurzfristiger Sonderangebote für Spiel- und Verbrauchsmaterial

A-Aufgaben und auch manche B-Aufgaben liegen im Bereich der 20%, die 80% des Erfolges einbringen. C-Aufgaben liefern nur noch die 20% des Erfolges, kosten jedoch 80% der Zeit und können meist delegiert werden oder ganz unterbleiben.

Prioritäten durch gezielte Fragen

Auch mit Hilfe geeigneter Fragestellungen ist es möglich, sinnvolle Prioritäten für Aufgaben zu setzen. Die Antworten stellen die Kategorisierung dar und müssen daher verschriftlicht werden. Fragen, die ein sinnvolles Herangehen und ein Einteilen von Aufgaben ermöglichen, können in der Prioritäten-Fragetechnik lauten:

- **Was soll getan werden?**
  Die gezielte Antwort auf diese Frage gibt genauen Aufschluss über die Aufgabe selbst und deren Umfang.
- **Wer soll es tun?**
  Bei der Beantwortung wird bereits festgelegt, ob eine Delegation an Dritte in Frage kommt, oder ob die Tätigkeit persönlich verrichtet werden muss.
- **Wann soll es getan werden?**
  An dieser Stelle treffen Sie verbindliche Aussagen über zeitliche Planung, konkreten Beginn der Aufgabe und Zeitpunkt, an dem die Aufgabe beendet sein muss.
- **Wie soll es getan werden?**
  Die Art und Weise und der Umfang der Lösung werden bei der Beantwortung dieser Frage verlässlich festgelegt.
- **Warum soll es getan werden?**
  Mit der Antwort auf diese Frage steht oder fällt Ihr gesamtes Vorhaben. Sie benennen in der Antwort dieser Warum-Frage das verbindliche Ziel Ihrer Aufgabe. Wenn diese Frage nicht beantwortet werden kann, scheint Ihre Aufgabe kein Ziel zu verfolgen. In diesem recht häufig vorkommendem Falle streichen Sie die Tätigkeit aus Ihrem Aufgabenkatalog. Sparen Sie sich die wertvolle Zeit, die Sie bestimmt für andere Aufgaben gut nutzen können.
  Auch wenn Ihre Antwort auf diese Frage lautet: „Weil es immer so war!", ist es an der Zeit, diese Aufgabe völlig zu streichen. Sie werden sehen: Die Erledigung ist hinfällig, weil es keinen Grund gibt, an diese Aufgabe heranzugehen – und niemand wird es bemerken!

- **Warum gerade jetzt?**
  Diese Frage ist immer dann wichtig, wenn Sie zeitlich in Bedrängnis kommen. Sie gibt Auskunft darüber, ob der Zeitpunkt der Erledigung richtig gewählt wurde, ob andere wichtige Termine drängen, ob umdatiert werden kann oder Fristen verlängert werden.
- **Warum gerade ich?**
  Diese Frage sollten Sie sich immer selbst stellen. Wenn Ihnen kein Grund einfällt, warum die Aufgabe von ihnen persönlich erledigt werden muss, können Sie Zeit sparen, indem Sie delegieren. „Weil ich diese Aufgabe so gerne tue!" ist kein Grund, die Aufgabe nicht zu delegieren. Erledigungen, die Sie selbst gerne tun, haben zwar entspannenden und motivierenden Charakter. Die persönliche Lösung dieser Aufgaben ist jedoch nur erlaubt, wenn Ihr Zeitbudget nicht zu knapp ist.
- **Warum in dieser Art und Weise?**
  Mit dieser Frage können Sie unendlich viel Zeit sparen. Gerade bei der Erfüllung von Routineaufgaben oder Aufgaben, die sich gelegentlich wiederholen, wird häufig die Tätigkeit stupide wiederholt. Denken Sie bei dieser Frage an mögliche Rationalisierungen: Ist der Antwortbrief dringend erforderlich? Reicht ein Kurzbrief oder eine E-mail zur Beantwortung? Sehr zeitsparend ist die handschriftliche Notiz auf der Originalanfrage, die Sie direkt zufaxen. Nutzen Sie mit Faxantworten, Telefonaten oder E-mails all die Möglichkeiten, die Sie weniger Zeit kosten, als gelungene und sparsame Alternative zum Antwortbrief.

Prioritätensetzung mit Farbgebung

Sind Sie ein sehr kreativer und visuell veranlagter Mensch, fällt es Ihnen sicher schwer, Prioritäten durch viele gezielte Fragestellungen einzuteilen. Vielleicht fühlen Sie sich auch unwohl, Prioritäten streng und relativ eintönig nach der ABC-Analyse zu kategorisieren. Dann sollten einmal ausprobieren, die Wertigkeiten von Aufgaben mit Farbpunkten zu markieren. Wichtige und gleichzeitig dringende Aufgaben könnten Sie rot kennzeichnen. Rot ist in der Farbpsychologie eine Ampelfarbe, die signalisiert: Halt, Stop, Achtung, wichtig! Genau dieser Effekt wird aus Ihrer Aufgabensammlung hervortreten und Sie deutlich daran erinnern, dass hier eine wichtige Aufgabe zu erledigen ist.

Wie Sie wichtige oder dringende Aufgaben kennzeichnen wollen, bleibt Ihrem farblichen Geschmack und Ihrer Fantasie überlassen. Beherzigen Sie bei Ihrer Farbgebung lediglich, dass Sie etwas Übung brauchen, um die Bedeutung der Farben zu verinnerlichen. Deshalb macht es auch wenig Sinn, bereits angewendete Farben wieder zu verwerfen und neue auszuwählen oder die mit Bedeutung belegten Farben untereinander auszutauschen.

Prioritätensetzung mit Symbolen

Ähnlich wie mit Farben können Sie Ihre Aufgaben auch mit ein wenig Fantasie und einfachen Symbolen in Kategorien einteilen. Achten Sie dabei darauf, dass die Symbole leicht und vor allem schnell zu zeichnen sind – sonst würden Sie beim Prioritätensetzen in Ihrem Zeitplansystem zu viel Zeit verbrauchen.

Wichtige und dringende Aufgaben könnten Sie beispielsweise mit einem Blitz charakterisieren. Ein Ausrufezeichen mag vor einer wichtigen Aufgabe stehen, während vor einer dringenden Aufgabe ein kleines Uhrensymbol sinnvoll erscheint.

Sind Ihnen drei Zeichen ein zu großer zeichnerischer Aufwand, beschränken Sie sich einfach auf die Ausrufezeichen oder Pfeile. Wichtiges und Dringendes erhält als Kennzeichen drei Ausrufezeichen oder einen horizontalen Pfeil. Wichtiges wird mit zwei Zeichen oder einem vertikalen Pfeil markiert und für Dringendes reicht die Skizzierung mit einem Ausrufezeichen oder einem nach unten gerichteten Pfeil.

Prioritätensetzung durch unterschiedliche Symbole

Kategorie	Aufgabe	Wer	Erledigt bis	Ok?
!	Personalauswahl – Vorstellungsgespräche	Ich	30.05.	
!	Sponsoringschreiben entwerfen	Ich	24.01.	
🕘	Liedblätter für den Gottesdienst fertigstellen	Sabine	20.02.	
🕘	Einladungen für das Frühlingsfest entwerfen	Rolf	15.03.	
!	Kurzstatement vorbereiten für Diskussion	Ich	01.03.	
ϟ	Beschwerdemanagement mit Mutter	Ich	Heute	

Prioritäten durch Richtungspfeile

Kategorie	Aufgabe	Wer	Erledigt bis	Ok?
→	Personalauswahl - Vorstellungsgespräche	Ich	30.05.	
→	Sponsoringschreiben entwerfen	Ich	24.01.	
↓	Liedblätter für den Gottesdienst fertigstellen	Sabine	20.02.	
↓	Einladungen für das Frühlingsfest entwerfen	Rolf	15.03.	
→	Kurzstatement vorbereiten für Diskussion	Ich	01.03.	
↑	Beschwerdemanagement mit Mutter	Ich	Heute	

Prioritätensetzung mittels Mind-map

Die Mind-map-Methode nach Buzan (1996) ist für Sie besonders geeignet, wenn Sie ein sehr kreativer Mensch sind, der eher schwer mit linearem Planen zurecht kommt. Sie nutzen ein leeres Blatt Ihres Zeitplaners und notieren ungefähr in der Mitte des Blattes das Thema des Mind-maps, in diesem Falle etwa das Wort „Prioritäten" oder „Aufgaben". Um diese Mitte herum verteilen Sie nun drei Hauptäste. Diesen Verästelungen ordnen Sie alle anstehenden und Ihnen bereits bekannten Aufgaben zu. Immer, wenn eine neue Aufgabe auftaucht, können Sie sie auf dieser Mind-map Seite notieren. Sie ahnen es bereits – ein Hauptast sammelt alle wichtigen und zugleich dringenden Aufgaben, ein weiter Ast steht für die wichtigen und der dritte Ast nimmt alle dringenden Aufgaben auf.

Prioritätensetzung mit Mind-map

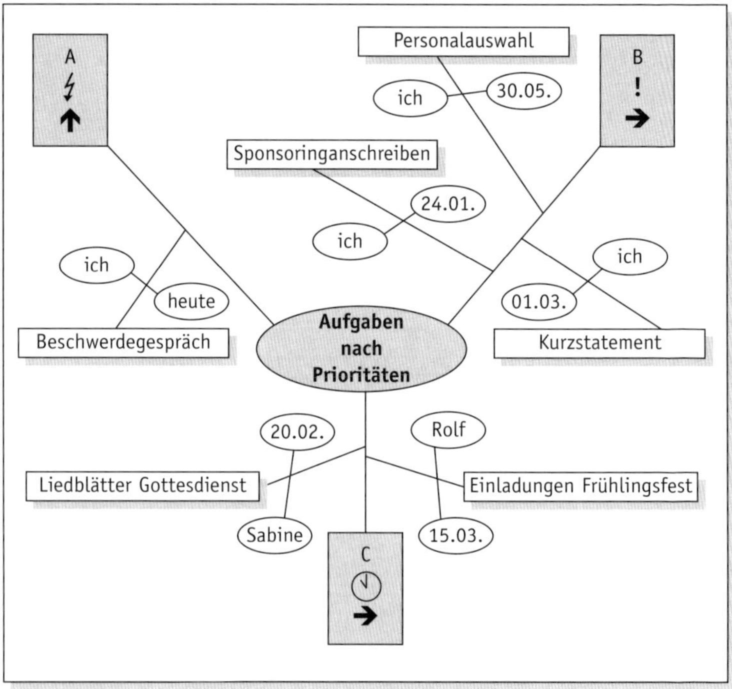

Kombination von Tagesplanung und Aufgabenpool

Ohne die Kombination von Tagesplanung und Aufgabensteuerung werden Sie in Zukunft nicht mehr auskommen. Mit dem Aufgabenpool gelingt es Ihnen, die Stapelbildung auf Ihrem Schreibtisch abzubauen, alle Aufgaben dennoch im Blick zu behalten und nie mehr Termine und Fristen zu verpassen. Aufgabensteuerung in Verbindung mit Tagesplanung kostet Sie täglich nur einige Minuten Zeit und bewahrt Sie davor, nachts aus dem Schlaf zu schrecken, weil Ihnen etwas Wichtiges, das Sie keinesfalls vergessen dürfen, in den Sinn kam.

Das Grundprinzip der Kombination von Aufgabenpool und Tagesplanung basiert auf einem einfachen Dreierschritt. Der Dreierschritt funktioniert durch die Grundsätze – sammeln, kategorisieren und planen. Sie sammeln täglich konsequent alle Aufgaben, die anfallen, die an Sie herangetragen werden oder die Sie für die Weiterentwicklung Ihrer Kindertagesstätte für innovativ und unverzichtbar halten. Diese Aufgabensammlung führen Sie schriftlich, indem Sie jede noch so kleine Aufgabe in Ihrem Aufgabenpool notieren. Sofort nach dem Niederschreiben klassifizieren Sie die Aufgaben, indem Sie ihnen nach der Art und Weise, die Ihnen am Besten zusagt, Prioritäten zuordnen und die Zeit bis zur letzt möglichen Erledigung festlegen. Die einzelnen Aufgaben, die nach und nach mit der Verrichtung an der Reihe sind, tragen Sie jeweils am Ende Ihres Arbeitstags für den kommenden Tag in die Tagesplanung Ihres Zeitplansystems ein.

Dreierschritt – sammeln, kategorisieren, planen

Es ist besser, mit drei Sprüngen ans Ziel zu kommen, als sich mit einem das Bein zu brechen.
(aus Afrika)

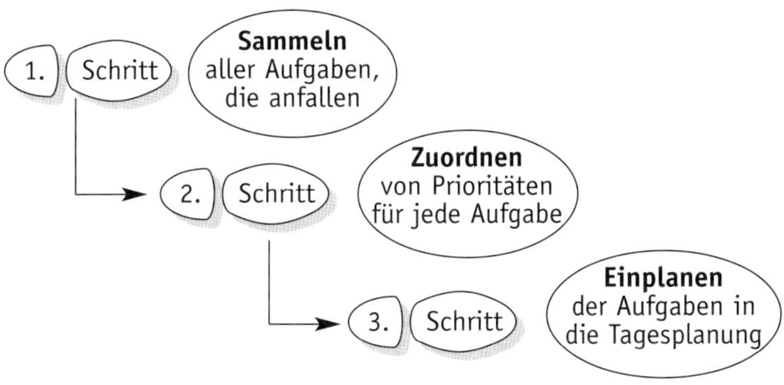

Der Aufgabenpool

Je nachdem, für welches Zeitplansystem Sie sich entschieden haben, wird Ihr Aufgabenpool ein wenig anders aussehen oder einen anderen Namen tragen. Selbst führende Literatur des Zeitmanagements konnte sich bislang auf keinen einheitlichen Namen einigen, im Sprachgebrauch gibt es die Begriffe Aufgabensteuerung, Aufgabenliste, to-do Liste oder Generalliste, um nur einige davon aufzuzählen. Für die Sammlung Ihrer Aufgaben können Sie die Vorlage Ihres Zeitplaners verwenden oder Sie nutzen ein Blatt, das Sie sich als Tabelle einteilen, wie es die folgende Abbildung zeigt.

Aufgabenpool

Priorität			Aufgabe	Wer erledigt sie?	Späteste Erledigung am	ok?

- Bereits beim Eintragen werten Sie die Wichtigkeit der Aufgabe.
- Dies hilft Ihnen beim Delegieren.

- In die Aufgabenspalte tragen Sie alle Aufgaben ein, genau in der Reihenfolge, in der die Aufgaben auftreten.
- Notieren Sie die Aufgaben mit dem Bleistift.

- Die Erledigungsspalte ist personenbezogen.
- Vermerken Sie sofort, wer für die Erledigung zuständig ist.
- Dies erleichtert Ihnen die Kontrolle des Verantwortlichen.

- Die Zeitspalte erinnert Sie an Ihre selbst gesetzten Fristen.
- Zeitüberschreitung gibt es nicht mehr.

- In der Checktabelle werden bewältigte Aufgaben abgehakt.
- Sind mehrere Aufgaben erledigt, werden sie sauber ausradiert.

Aufgabenpool

Priorität			Aufgabe	Wer erledigt sie?	Späteste Erledigung am	ok?
A			Rückruf Versicherung bzgl. Unfallbericht	Ich	Heute, 15.30 h	
	B		Pressegespräch zur Verkehrsberuhigung	Ich	29.01.	
		C	Abtippen, kopieren der Kinderbefragung	Manuela	15.12.	
A			Krisengespräch Familie Muth	Ich	Heute, 17.00 h	
	B		Zuschussantrag an SJR	Ich	17.02.	
	B		Kurzreferat Projektvorstellung	Ich	15.03.	
		C	Auswertung Elternbefragung	Roland	28.02.	
	B		Rückschlüsse aus Befragungsergebnissen	Gesamtteam	10.03.	
		C	Statistiken aktualisieren	Eva	07.01.	
	B		Anruf Finanzamt wg. NV-Bescheinigung	Ich	03.12.	
	B		Mahnschreiben für Beitragsaußenstände	Ich	30.11.	
		C	Nationalitätenüberblick für Jugendamt	Akim	20.01.	
		C	Schulliste aktualisieren	Akim	20.01.	
	B		Überstundenberechung Personal	Ich	30.06.	

Delegieren

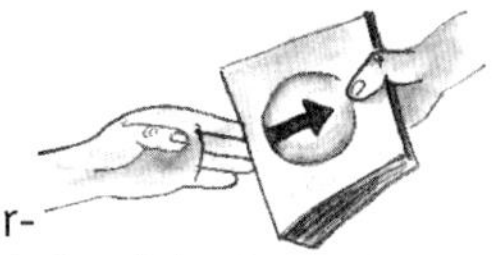

Im Zeitmanagement ist Delegation eine Spargröße, die Sie nicht unterschätzen sollten. Richtig delegieren ist eine Kunst, die Sie lernen und in Ihrer Kindertageseinrichtung verstärkt anwenden sollten. Delegieren heißt, Aufgaben, Kompetenzen und Verantwortung an andere zu übertragen.

Hemmschwellen und Widerstände

Gehören Sie auch zu den vielen Menschen, denen es so unsagbar schwerfällt, zu delegieren? –„Bis ich anderen erkläre, wie ich es will, kann ich es auch gleich selbst erledigen!" „Es wird doch nie so, wie ich es mir vorstelle!" „Hinterher muss ich immer noch selbst Verbesserungen vornehmen!" Diese Thesen stellen „Delegationsbremsen" dar. Solche Argumente, die immer wieder als Gründe gegen das Delegieren vorgebracht werden, sprechen nach Voss (2001) die Angst aus, die bei jedem mitschwingt, der keine Routine im Delegieren hat. Argumente, die scheinbar gegen das Delegieren sprechen, entpuppen sich jedoch bei genauem Betrachten als Trugschluss:

- **Angst vor Verantwortungsverlust**
  Häufig ist die eigene Angst ein Grund, um nicht zu delegieren. Selbst viele Führungskräfte fürchten sich davor, Aufgaben, Kompetenzen und damit Verantwortlichkeiten weiterzugeben. Ehrgeiz und die Furcht vor Konkurrenz spielen eine große Rolle.
- **Zu wenig Vertrauen in die Fähigkeiten anderer**
  Gelegentlich wird den eigenen MitarbeiterInnen zu wenig Handlungskompetenz zugesprochen – aus der Angst heraus, den MitarbeiterInnen könnte beim Bewältigen der Aufgabe ein Fehler unterlaufen.
- **Eigenstreben nach Anerkennung**
  Manchmal behindert das eigene Streben nach Anerkennung das Delegieren – denn Lob erzielt derjenige für die Aufgabe, der sie verrichtet hat.
- **Neigung zum Perfektionismus**
  Menschen, die perfektionistisch veranlagt sind und immer nach hundertprozentigen Lösungen suchen, fällt es erfahrungsgemäß

am Schwersten, zu delegieren. Sie sind der Meinung, dass niemand die Aufgabe so perfekt erledigen kann wie sie selbst.

- **Angst vor Kontrollverlust**
  Ständiges Kontrollieren, Hinterfragen und Nachforschen über den Stand der Aufgabenerledigung und fortwährende Tipps zum Lösungsweg entmutigen und demotivieren denjenigen, der die Aufgabe ausführen soll. Ein eigenständiger Lösungsweg ist hier oft nicht mehr möglich.
- **Ungeklärte Autoritäten**
  In Kindertageseinrichtungen, in denen die Hierarchien nicht festgeschrieben und Autoritäten ungeklärt sind, existiert sicherlich kein gut funktionierendes Delegationssystem. Überall dort, wo Menschen scheinbar „gleichberechtigt" nebeneinander arbeiten, wird jeder versuchen, die eigene Arbeit möglichst gut zu erledigen, um der MitarbeiterIn nur keine Aufgabe übertragen zu müssen.
- **Angst vor der eigenen Autorität**
  Führungskräfte, die Ihre Position noch nicht lange inne haben, fürchten sich anfänglich davor, Aufgaben zu delegieren. Je länger die neuen Führungskräfte mit den KollegInnen auf einer Hierarchieebene gearbeitet haben, desto schwerer fällt es Ihnen, Anweisungen und Aufträge zu erteilen.
- **Zeitmangel**
  Auch Zeitmangel kann eine Hemmschwelle bei Delegation darstellen. Je höher die Arbeitsüberlastung ist, desto weniger Zeit gibt es, um zu delegieren.
- **Eigene Schwächen**
  Die Haltung, dass sich eine Person davor scheut, als ungeliebt empfundene Aufgaben an andere zu übertragen, ist weit verbreitet. Tätigkeiten, die man selbst nur widerwillig verrichtet, will man anderen keinesfalls übertragen und ihnen damit zur Last fallen.

Sie sollten sich mit dem Thema Delegieren näher beschäftigen,

- wenn Sie wissen, dass Sie Probleme haben, zu delegieren,
- wenn ein oder mehrere Widerstände und Hemmschwellen auch auf Sie zutreffen,

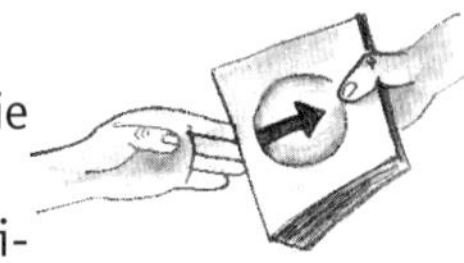

- wenn Sie an Arbeitsüberlastung leiden und Sie durch Delegation Zeit sparen könnten,
- wenn Sie häufig Dinge verrichten, die MitarbeiterInnen besser oder schneller erledigen könnten.

Denken Sie nun einmal intensiv über Ihre Situation nach. Klammern Sie dabei keinen Bereich aus. Ihre Situation schließt sowohl Berufliches als auch Privates mit ein. Besinnen Sie sich auf Ihre Tätigkeiten, Aufgaben und Ziele, und listen Sie ehrlich auf, welche Tätigkeiten Sie delegieren könnten.

Welche Tätigkeiten beruflicher Art könnten Sie delegieren?

1. __________
2. __________
3. __________
4. __________
5. __________
6. __________
7. __________
8. __________
9. __________
10. __________

Welche privaten Tätigkeiten könnten Sie delegieren?

1. __________
2. __________
3. __________
4. __________
5. __________
6. __________
7. __________
8. __________
9. __________
10. __________

Sicher konnten Sie viele Tätigkeiten niederschreiben, die sich zum Delegieren eignen. Warum haben Sie diese Tätigkeiten bislang nicht delegiert? Welche Barrieren, Hemmnisse, Widerstände und Ängste stecken in Ihnen? Die wirklichen Gründe kennen nur Sie! Identifizieren Sie Ihre Gründe und denken Sie darüber nach, wie es Ihnen gelingen könnte, zwei bis drei dieser Widerstände zu bewältigen.

Warum Sie das Delegieren lernen sollten: Vorteile

Sie gewinnen Zeit für das Wesentliche: Besinnen Sie sich Ihrer Kernkompetenzen!

Wie häufig verspüren Sie das Gefühl, dass Sie für alles zuständig sind und dass viel zu viele Aufgaben an Ihnen „hängen bleiben"? Durch gezielte Delegation können Sie dieses unbefriedigende Gefühl vermindern. Die Zeit, die Sie durch die Aufgabenverteilung gewinnen, nutzen Sie wiederum, um die Ziele Ihrer Einrichtung zu verfolgen. Als Leiterin einer Einrichtung sollten Sie sich bewusst werden, dass Sie nicht nur Ihre Arbeitszeit, sondern auch kostbares Geld verschwenden, wenn Sie sich um Aufgaben kümmern, die Ihrer Position nicht entsprechen. Halten Sie sich durch Delegation den Kopf frei und nutzen Sie die neu gewonnene Zeit für Ihre Kernkompetenzen: Entwickeln Sie innovative Strategien und gehen Sie neue Herausforderungen an!

Sie verbessern die Arbeitsergebnisse in Ihrer Einrichtung und steigern die Gesamtleistung.

Sie können nicht auf jedem Gebiet Bestleistungen erzielen. Was Sie auch immer leisten, es wird in vielen Bereichen Tätigkeiten geben, die Ihre KollegInnen viel besser verrichten können als Sie selbst dazu in der Lage sind. Ändern Sie diesbezüglich Ihren Blickwinkel: Sehen Sie diese Tatsache als Chance für die Einrichtung und nicht als persönlichen Mangel! Sie arbeiten in einem multitalentierten Team. Sehen Sie es als Ihre Pflicht an, die individuell unterschiedlichen Fähigkeiten und Stärken Ihrer MitarbeiterInnen zu erforschen und offen zu legen. Dadurch sehen Sie klarer, welcher MitarbeiterIn Sie bestimmte Aufgaben und Tätigkeiten übertragen können. Synergieeffekte entstehen durch die Kombination und die Ergänzung verschiedener Kompetenzen. Sie werden sehen: Im Ver-

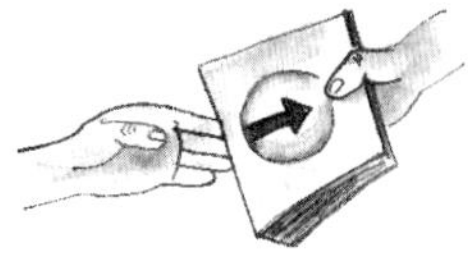

bund mit Ihrem Team bewältigen Sie ganz neue Projekte und Sie erzielen Arbeitsergebnisse, die Sie alleine niemals hätten erreichen können.

Sie motivieren Ihre MitarbeiterInnen durch Delegation.

Delegation ist ein Instrument der Motivation. Haben Sie erst einmal die MitarbeiterInnenpotenziale erkannt, können Sie gezielt delegieren. Stellen Sie sich vor: Die Leistungsfähigkeit Ihrer MitarbeiterInnen steht im Vordergrund. Ihr Ziel ist es, eine Verantwortliche für den Bereich „Praxisanleitung" zu gewinnen. Nach der Einschätzung der Potenziale käme eine KollegIn für diese Aufgabe in Frage. Einer jungen engagierten MitarbeiterIn, die Ihre eigene Schulzeit und die Schwerpunkte der ErzieherInnenausbildung noch gut in Erinnerung hat, übertragen Sie die Verantwortung für den Bereich „Praxisanleitung". Diese Kollegin wird von Ihnen als Ansprechpartnerin für alle Fragen bezüglich „Praxisanleitung" autorisiert. Die MitarbeiterIn soll ein Konzept für Praxisanleitung in Ihrer Einrichtung entwickeln. Natürlich stellen Sie für diese Aufgabe angemessene Rahmenbedingungen und Freiräume zur Verfügung. Für Recherche, Literaturstudium und Entwicklungszeit wird die Vorbereitungszeit der MitarbeiterIn entsprechend erweitert. Eine geeignete Fortbildung kann bei Bedarf zur Verfügung gestellt werden. Die junge Kollegin sieht die Übertragung des Verantwortungsbereiches als Vertrauensbeweis. Ihr Selbstwertgefühl steigt. Sie können sicher sein, Ihre Mitarbeiterin wird hochmotiviert arbeiten und die Delegation dieses neuen Aufgabenbereichs dazu nutzen, ein bestmögliches Resultat zu erzielen.

Durch Delegation fördern Sie die Eigeninitiative derjenigen, die Sie mit einer Aufgabe betrauen. Sie ermöglichen ihr durch die Übertragung der Verantwortung, die eigenen Fähigkeiten und Kompetenzen zu erweitern. Dies steigert die persönliche Leistung, die Arbeitsmotivation und die Zufriedenheit der Mitarbeiterin.

Sie vermindern Ihren persönlichen Stress.

Erfolgreich delegieren heißt, Aufgaben, Tätigkeiten und Verantwortung an die dafür geeignetste MitarbeiterIn zu übertragen. Wenn Ihnen dies gelingt, verteilen Sie die Last der Arbeit auf viele Schultern. Sie beginnen los zu lassen von liebgewonnenen, aber Zeit raubenden Tätigkeiten und Sie lernen, dass nicht alle Verantwortung bei Ihnen liegen muss. Dadurch spüren Sie, wie Ihre eigene Überlastung merklich abnimmt und Sie wirken langfristig dem gefürchteten Burnout entgegen.

Sie erhöhen Ihren Erfolg und Ihre Anerkennung.

Durch Delegieren erreichen Sie in dreierlei Hinsicht große Wirkung:

1. Ihre Mitarbeiterinnen zollen Ihnen Anerkennung, weil Sie durch die Delegation die Motivation und Arbeitszufriedenheit jeder einzelnen Mitarbeiterin erhöhten.
2. Ihr Träger wird sich mit Ihrem Erfolg überaus zufrieden zeigen, denn durch die Einführung des effektiven Delegationssystems steigerten Sie die Gesamtleistung Ihrer Kindertageseinrichtung.
3. In persönlicher Hinsicht sparen Sie wertvolle Zeit für wesentliche Aufgaben, Sie können sich um die Verwirklichung Ihrer Ziele kümmern und Sie erleben Zufriedenheit, da Ihnen von allen Seiten Lob und Anerkennung für Ihre Arbeit zugesprochen wird.

Wie erfolgreiches Delegieren gelingt

Denn mit der Größe der Aufgabe
wächst die Kraft des Geistes.
Publius Cornelius Tacitus,
römischer Geschichtslehrer (55–20 n. Chr.)

Erfolgreiches Delegieren ist eine Kunst, die neben Zeitersparnis für denjenigen, der Aufgaben delegiert, weitere zahlreiche Vorteile mit sich bringt. Wie kann es Ihnen gelingen, wirksam zu delegieren?

Wirkungsvolles und zielgerichtetes Delegieren basiert auf den fünf Komponenten: (www.zeitzuleben.de, www.gulp.de/kb/it/projektedelegieren.html)

- Vertrauen
- Transparenz
- Kommunikation
- Kontrolle
- Feedback

Fünf Bausteine für wirksames Delegieren

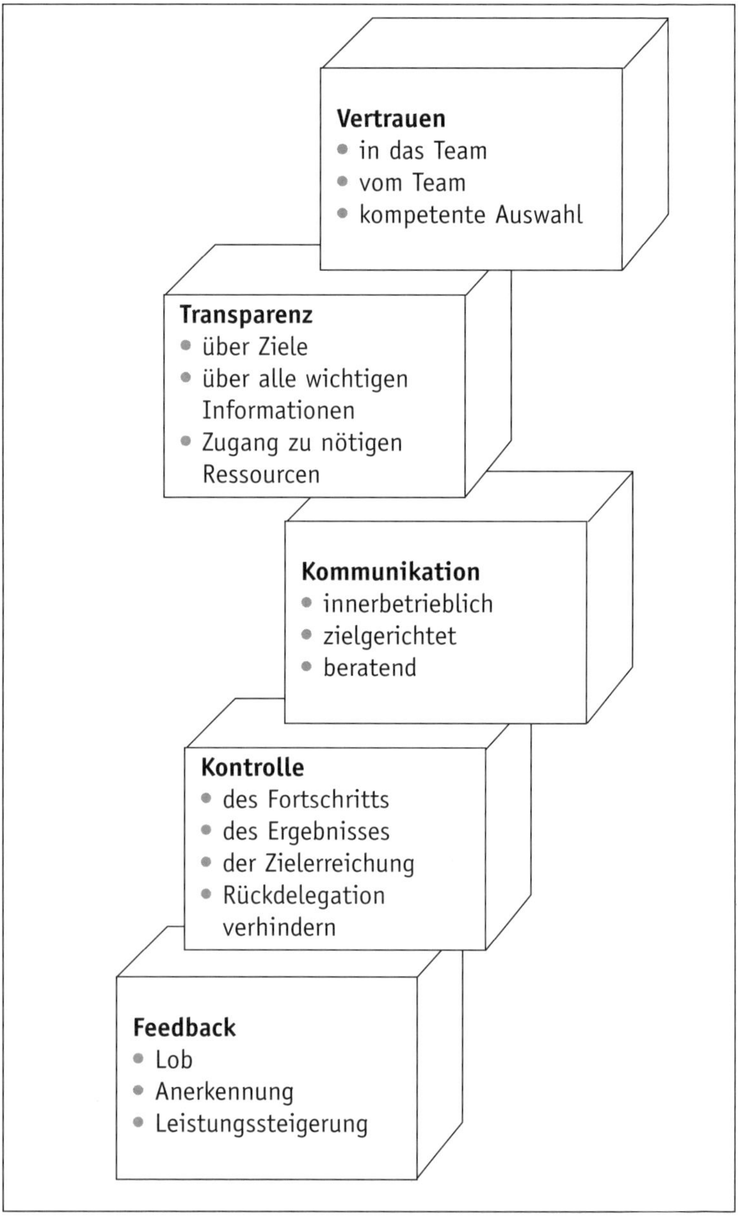

Der Vertrauensbaustein

Schenken Sie Ihren MitarbeiterInnen Ihr Vertrauen?

Sie können nicht die allerkleinste Aufgabe delegieren, wenn Ihnen das Vertrauen in Ihr Team fehlt. Immer dann, wenn Sie sich bei dem Gedanken ertappen, niemand könnte die Aufgabe besser erledigen als Sie, sollten Sie diese Aufgabe lieber nicht delegieren, denn Sie werden ohnehin mit dem Ergebnis Ihrer Mitarbeiterin nicht zufrieden sein.

Delegieren bedeutet auch, Zutrauen in die Fähigkeiten der MitarbeiterInnen zu haben. Delegieren setzt ein Grundvertrauen in die Kompetenzen Ihres Teams voraus. Besteht dieses Vertrauen von Ihrer Seite aus, müssen Sie nur noch gezielt für jede zu delegierende Aufgabe diejenige Mitarbeiterin mit den entsprechenden Kompetenzen herausfinden. Wählen Sie dabei nicht ausschließlich MitarbeiterInnen aus, die Ihre Fähigkeiten auf dem geforderten Gebiet bereits bewiesen haben. Geben Sie nach dem Motto „fördern durch fordern“ allen eine Chance! Fast alle MitarbeiterInnen arbeiten sich motiviert und engagiert in neue Tätigkeitsbereiche ein.

Und umgekehrt: Vertrauen Ihnen Ihre MitarbeiterInnen?

Wirkungsvolles Delegieren hängt ganz entscheidend von der Vertrauensbasis in Ihrer Einrichtung ab. Ohne gegenseitiges Vertrauen droht jedes Delegationssystem zu scheitern. Ihr Team sollte Ihnen vertrauen. Nur auf dieser Vertrauensbasis kann jedes einzelne Teammitglied für eine delegierte Aufgabe um Rat bitten, Hilfe einfordern und zugeben, dass eine bestimmte Aufgabe überfordert oder eigene Fehler und Misserfolge eingestehen. Die vertrauensvolle Atmosphäre dient der Offenheit im Team und ist Grundlage für eine ehrliches konstruktives Kritisieren.

Der Transparenzbaustein

Eigenverantwortung Ihrer MitarbeiterInnen kann nur dann wachsen, wenn die Ziele Ihrer Einrichtung offen liegen. Neben den Unternehmenszielen, in Ihrem Falle also das Leitbild und die Leitsätze Ihrer Kindertagesstätte, sollten auch die Ziele der Aufgabe mit demjenigen geklärt sein, der für ihre Erfüllung verantwortlich sein wird. Beherzigen Sie unbedingt, bei der Delegation alle wichtigen Infor-

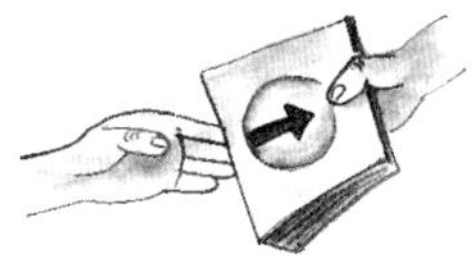

mationen weiterzuleiten. Ohne diesen Informationsfluss wird kein selbstständiges Denken und kreatives Handeln möglich. Folgende Fragen sollten Sie bei Delegationen klären:

- Warum soll diese Aufgabe erledigt werden?
- Was ist das Ziel dieser Aufgabe?
- Soll die Aufgabe auf eine bestimmte Art und Weise erledigt werden?
- Bis wann muss die Aufgabe fertiggestellt sein?
- Welche Informationen werden zur Aufgabenerledigung benötigt?

Der Kommunikationsbaustein

Wenn Sie delegieren, sind Sie für die innerbetriebliche Kommunikation in Ihrer Einrichtung verantwortlich. Nehmen Sie sich ausreichend Zeit und erklären Sie die Aufgabe und das Ergebnis, das Sie sich vorstellen, deutlich und in allen Einzelheiten. Stellen Sie deshalb sicher, dass alle Informationen, die zur Erfüllung der Aufgabe nötig sind, zum erforderlichen Zeitpunkt bei der richtigen MitarbeiterIn angelangen. Überprüfen Sie, ob die MitarbeiterIn Ihre Informationen tatsächlich so interpretiert, wie Sie sie meinten. Je nach Größe Ihrer Einrichtung wählen Sie dafür ein Kommunikationssystem aus, das Ihrem Bedarf am besten entspricht. Dabei könnten Sie an folgende Systeme denken:

- Rundschreiben
- Informationswände
- gezielte Kurzinformationsgespräche
- informelle Treffen des Teams
- persönliche Verteilerkästen für jedes Teammitglied
- Besprechungen mit kleinen Teams
- Intranet (bei sehr großen Einrichtungen mit mehreren Abteilungen)

Für Ihre MitarbeiterIn bedeutet die delegierte Aufgabe unter Umständen einen erheblichen Mehraufwand. Sorgen Sie deshalb auch dafür, dass die Rahmenbedingungen stimmen. Stellen die großzügig Zeit, Informationen, Arbeitsmittel und Raum zur Verfügung.

Der Kontrollbaustein

Dieser Baustein ist ein Widerspruch zum Vertrauensbaustein, könnten Sie jetzt annehmen. Doch Sie werden sich und auch Ihrem Team viele Enttäuschungen ersparen, wenn Sie konstruktiv kontrollieren. So können Sie noch rechtzeitig korrigierend eingreifen, falls dies nötig sein sollte. Konstruktiv kontrollieren bedeutet, bereits während der Erledigung der Aufgabe eine Art Zwischenprüfung vorzunehmen:

- Wurde die Aufgabe eindeutig erklärt und verstanden?
- Wie sieht der bisherige Arbeitsweg aus?
- Kann das Ziel auf diese Art und Weise erreicht werden?
- Ist das Ziel in der vorgegebenen Zeit zu realisieren?

Sollten Sie in bei dieser Zwischenbilanz Differenzen feststellen, suchen Sie das Gespräch mit der MitarbeiterIn, der Sie diese Aufgabe übertragen haben. Erörtern Sie, was korrigiert werden sollte, um das Ziel verwirklichen zu können, und geben Sie im Notfall Hilfestellung. Sie ersparen sich dadurch Vertrauensverlust in die MitarbeiterIn. Die MitarbeiterIn verschonen Sie vor der Frustration, Energien in eine Aufgabe gesteckt zu haben, ohne ein Ergebnis zu erzielen. Dies stärkt wiederum das Vertrauen der MitarbeiterIn in Ihre Fähigkeiten, sie wird gerne wieder eine delegierte Aufgabe übernehmen, um Ihnen zu beweisen, dass das nächste Resultat auf Anhieb sehr viel besser ausfällt.

Ist die delegierte Aufgabe bewerkstelligt, führen Sie die Endkontrolle durch. Sie prüfen folgende Faktoren:

- Stimmt das Ergebnis mit dem Ziel überein?
- Wurde die vereinbarte Zeit eingehalten?
- Was war für die MitarbeiterIn bei der Durchführung förderlich oder hinderlich?

Verhindern Sie in der Kontrollphase ein eventuelles Rückdelegieren der Aufgabe an Sie selbst oder das Weiterdelegieren an andere Teammitglieder. Nehmen Sie unter keinen Umständen die delegierte Aufgabe wieder an sich zurück und verrichten sie selbst. Erfragen Sie die Hindernisse, warum die MitarbeiterIn sich gegen die Erledigung wehrt und geben Sie entsprechende Hilfestellung. Formulieren Sie jedoch klar und deutlich, dass die Verantwortung für die Aufgabe bei der betreffenden MitarbeiterIn liegt. Aus diesem Grunde kann die Aufgabe nicht zurück- oder weitergegeben werden.

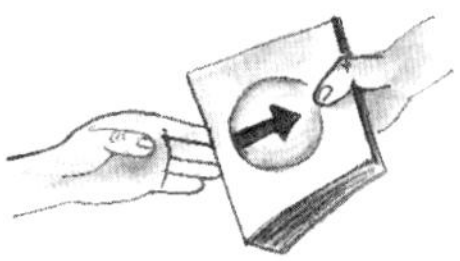

Der Feedbackbaustein

Häufig unterbleibt in der Praxis die Bewertung und die Würdigung des Ergebnisses. Für Ihre MitarbeiterIn stellt das Feedback jedoch eine äußerst wichtige Phase dar. Sie möchte für Ihre Leistung Lob und Anerkennung! Nehmen Sie Ihr Feedback im Prozess der Delegation sehr ernst. Ihre MitarbeiterInnen haben Ihr Feedback verdient. Je nach Größe und Umfang der Aufgabe gibt es in Ihrer Kindertageseinrichtung vermutlich unterschiedliche Wege, um gut geleistete Arbeit zu würdigen.

- Anerkennung im persönlichen Gespräch
- Anerkennung im Mitarbeitergespräch (Auswertungsgespräch)
- Würdigung der MitabeiterIn in der Teambesprechung
- Anerkennung der MitarbeiterIn zu einem öffentlichen Anlass (zum Beispiel Sommerfest, Jahresrückblick, Elternbeiratssitzung, Presseberich ...)
- Wertung besonders gut geleisteter Arbeit auf unkonventionelle Art (MitarbeiterIn des Monats, Geschenk oder Preis für die MitarbeiterIn, zusätzlicher freier Tag)

Auch eine ehrliche und konstruktive Kritik kann ein Feedback sein. Diese Möglichkeit sollte natürlich beiden Seiten offen stehen, sowohl Ihnen als auch Ihrer MitarbeiterIn. Fiel die Aufgabenerfüllung trotz Zwischenkontrolle nicht zu Ihrer Zufriedenheit aus, sollten Sie dringend mit Ihrer MitarbeiterIn die Ursache erörtern, damit der Fehler bei zukünftigen Delegationen nicht mehr auftreten kann.

Stellen Sie fest, ob eine der folgenden Fehlerquellen in Frage kam:

- *Informationen:* Gab es zu wenig oder zu ungenaue Informationen?
- *Aufgabe:* War die Aufgabe zu komplex gestellt? Wurde die Aufgabe unterschätzt oder überschätzt? Von wem? Wurde die Aufgaben von beiden Seiten einheitlich verstanden?
- *Ziel:* War das Ziel eindeutig formuliert? Wurde das Ziel verstanden?
- *Zeit:* Gab es zu wenig Zeit? Reichte die Zeit aus, wurde jedoch vom Betroffenen selbst nicht effektiv eingeteilt?

- *Person:* Wurde die richtige Person für diese Aufgabe ausgewählt? Gab es persönliche Probleme oder Hindernisse? Bestand für die betreffende Person eine Überforderung oder etwa eine Unterforderung?

Immer dann, wenn es Ihnen gelingt, ein ehrliches, adäquates Feedback zu geben, wirkt dies bei Ihren MitarbeiterInnen motivierend und sicherlich auch leistungssteigernd.

Strategien des Delegierens

Der ärmste Mensch ist der,
der keine Aufgabe mehr hat.
Albert Schweitzer (1875–1965)

So können Sie unterschiedlichste Aufgaben delegieren:

Erinnern Sie sich noch an die Tätigkeiten und Aufgaben mit unterschiedlich gewichteten Prioritäten? Die verschiedenen Aufgabentypen haben natürlich Einfluss darauf, ob und an wen Sie diese Aufgaben delegieren. Unterschiedliche Aufgaben erfordern nach Konnerth (2001) adäquate Delegationsstrategien. Sie unterscheidet zwischen

- Aufgaben, die an Sie selbst gestellt sind, die Sie persönlich bearbeiten müssen;
- komplexen und wichtigen Aufgaben,
- dringenden Aufgaben,
- Routinetätigkeiten.

An Sie persönlich gestellte Aufgaben

Diese Art von Aufgaben sind meist an Ihre Person gebunden und haben öffentlichkeitswirksamen Charakter. Solche Aufgaben sind immer auch Prestigeaufgaben, diese sollten Sie nur in Ausnahmefällen delegieren. Wenn Sie eine solche Aufgabe delegieren möchten, kommt ein eingeschränkter Personenkreis in Betracht. Sie könnten die Aufgabe an Ihre Stellvertreterin oder eine besonders befähigte Erzieherin delegieren – sprechen Sie in jedem Fall diese Tätigkeit besonders genau durch, und erläutern Sie das Ergebnis, das Sie erwarten. An die Leiterin persönlich gestellte Aufgaben wären in Ihrer Kindertageseinrichtung beispielsweise die Begrüßungsrede der

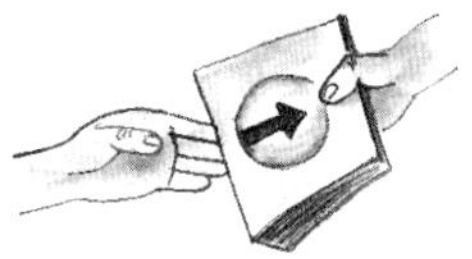

Leiterin beim Sommerfest, die Dankesrede bei einer Einweihungsfeier, das öffentliche Statement vor dem Jugendhilfeausschuss, die Rede im familienpolitischen Gremium, der Fachartikel oder ein Vortrag, zu dem die Leiterin als Referentin angefragt ist.

Komplexe und wichtige Aufgaben

Solche Aufgaben sind vielfältig, sie verlangen viel Information und Detailkenntnis. Das Ergebnis dieser Aufgaben ist äußerst relevant. Für komplexe und wichtige Aufgaben sollten Sie mit Bedacht die kompetenteste Person aus Ihrem MitarbeiterInnenkreis auswählen. Denkbar wäre es auch, eine kompetente Kleingruppe auszuwählen, die mit der Aufgabe betraut wird. Berücksichtigen Sie bei komplexen Aufgaben besonders den Baustein der Kommunikation und den Baustein der Kontrolle. Versuchen Sie die Ziel- und Ergebnisinformationen so differenziert wie möglich zu gestalten, und vereinbaren Sie immer wieder Termine zur Zwischenbilanz, bei denen Ihre MitarbeiterInnen über den Verlauf, über Erfolge und Schwierigkeiten an Sie berichten. Zu komplexen und wichtigen Aufgaben zählen in Kindertageseinrichtungen beispielsweise die Planung von inhaltlichen Projekten oder die Erprobung neuer Schwerpunkte, die Planung und Durchführung von Aktionen für bestimmte Zielgruppen.

Dringende Einmalaufgaben

Leichte Einmalaufgaben sind im Grunde genommen alle Aufgaben, die Sie nicht persönlich verrichten müssten, deren Erklärung und Informationen jedoch sehr zeitaufwändig erscheint. Diese Aufgaben sind beispielsweise das Sortieren der Ablage in die betreffenden Ordnersysteme, Beantwortung manchen Schriftverkehrs, Erstellen bestimmter Listen und Anfertigen von Statistiken.
Sollten Sie Einmalaufgaben delegieren? Stellen Sie sich bei diesen Aufgaben immer die Frage, ob der Zeitaufwand des Delegierens nicht länger dauert als die Verrichtung der eigentlichen Aufgabe. Wenn dieser Fall eintritt, ist es effektiver, die Aufgabe einzuplanen und selbst zu verrichten.

Routinetätigkeiten

Aufgaben, die sich häufig oder turnusmäßig wiederholen und relativ einfach zu verrichten sind, nennt man Routineaufgaben. Der

Ablauf dieser Aufgaben bleibt stets der gleiche. Deshalb sind Routineaufgaben leicht erlernbar und problemlos zu delegieren. Die Gefahr, dass bei Routineaufgaben Fehler passieren ist relativ gering. Routineaufgaben sind in Ihrer Einrichtung z. B. das Führen der Anwesenheitsliste, das Ausfüllen der Essens- und der Spielgeldliste.

Strategien der Delegation bei unterschiedlichen Aufgaben

Priorität	Besonderheit	Gefahr	Beispiel
		Routineaufgaben	
C B	• wenig Erklärung nötig • einfache Delegation • relativ anspruchslos	• Langeweile • Kränkung • Frustration bei MitarbeiterIn, wenn nur Routineaufgaben delegiert werden	• Anwesenheitslisten • Spielgeldlisten • Geburtstagslisten • Fotogeld • Bestelllisten
		Einmalaufgaben	
C	• umfangreiche Information • Hilfestellung und Vorzeigen	• Delegation dauert länger als eigentliche Aufgabe	• Ablegen bestimmter Dokumente • Archivieren von Karteiunterlagen
		Komplexe und wichtige Aufgaben	
A B	• umfangreiche und zeitintensive Aufgaben • hoher Informations- und Kommunikationsaufwand • bedürfen trotz Delegation intensiver Begleitung • häufige Zwischenberichte nötig • können an kompetente Einzelpersonen oder Gruppen delegiert werden	• ohne ständige Zwischenkontrollen drohen die Aufgaben zu scheitern	• Planung von Projekten • Entwurf von Befragungen (Eltern, Kinder...) • Entwicklung neuer Strategien (Arbeitszeitkonten, Teilzeitmodelle) • Konzeptentwicklung für neue Zielgruppe
		Personengebundene Aufgaben	
A	• öffentliche Aufgaben, kaum Delegation möglich • Delegation ist an bestimmte Personen gebunden (Stellvertreter)	• bei ungeeigneter Vertretung droht Imageverlust	• Begrüßungsansprachen • Dankesreden • Fachvorträge • Statements • Fachartikel

Pausen

Pausen bauen dem Stress vor

Auf der Suche nach optimalen Lösungen spielen Pausen und Ruhezeiten oftmals eine untergeordnete Rolle. Redewendungen wie „Zeit für Pausen habe ich nicht!", „Ich habe soviel Arbeit, dass ich keine Pause einlegen kann!" oder „Ich arbeite nonstop ohne Unterbrechung." haben Sie sicherlich schon häufig gehört und vielleicht auch schon selbst ausgesprochen. Ein wichtiger Grundsatz im Zeit- und Selbstmanagement sollte jedoch das Gleichgewicht zwischen Arbeit und Freizeit, Beruf und Privatleben, An- und Entspannung, Leistung und Erholung, Aktion und Ruhephasen sein. Kommt das Gleichgewicht für längere Zeit aus dem Lot, schlägt sich dieses Missverhältnis mindernd auf Ihr Leistungs- und Arbeitsvermögen nieder.

Lebenszeit

76 Jahre lebt der Mensch im Durchschnitt.
Davon schläft er 26,7 Jahre.
Die Hausarbeit nimmt 13,6 Jahre eines Frauenlebens ein.
Männer arbeiten nur 5,4 Jahre ihres Lebens im Haushalt.
In ihrem Beruf verweilen Männer 8,2 Lebensjahre.
Frauen verbringen nur 3,9 Jahre im Beruf.
Der Mensch steht 1,3 Jahre im Stau.
Ganze 6 Jahre bringt er vor dem Fernseher zu.
Gar nichts tut der Mensch nur 4 Monate seines Lebens.

Quelle: Kleeve (2002)

Und Sie? Entsprechen Sie dem Durchschnittsmenschen? Wann haben Sie das letzte Mal einfach einmal nichts getan? Steht Ihr Berufs- und Privatleben in einer ausgeglichenen Balance? Fühlen Sie sich manchmal überfordert? Empfinden Sie häufig Stress?

Zum erfolgreichen Zeit- und Selbstmanagement gehört es in erster Linie, auf sich selbst Acht zu geben und mit der eigenen Leistung und den selbst empfundenen Kräften sorgsam hauszuhalten.

Was keine Pause kennt,
ist nicht dauerhaft.
Publius Ovidius Naso Ovid (43 v. Chr.–17 n. Chr.)

Gönnen Sie sich mehrmals täglich Pausen!
Pausen geben Ihrem Tag Rhythmus und Struktur und teilen ihn in mehrere größere und kleinere Abschnitte ein. In den Pausen finden Sie Abwechslung und Entspannung. Nach der Pause sind Sie bereit für das nächste Leistungshoch.

Aus Lernforschung und Arbeitspsychologie ist Folgendes bekannt (www.psychol.uni-giessen.de und www.uni-duisburg.de):

- Lange Arbeitsperioden wirken erschöpfend.
- Je länger die Arbeitsphasen andauern, desto mehr nimmt die Konzentration ab und die Fehlerquote steigt an.
- Bereits die Erwartung einer Pause bewirkt nochmals einen Motivationsschub.
- Die Wiederaufnahme der Arbeit wird durch eine vorherige Pause erheblich erleichtert.
- Für das Leistungsverhalten ist eine Netto-Arbeitszeit von sechs Stunden täglich optimal. Netto-Arbeitszeit meint die reine Arbeitszeit, von der bereits alle Pausen abgezogen wurden.
- Die Pausen sollten bei einfachen Tätigkeiten circa zehn Prozent der Arbeitszeit einnehmen. Bei komplexen und schwierigen Aufgaben ist es günstig, wenn der Pausenanteil auf 20 Prozent der Arbeitszeit steigt.

Pausen planen und bewusst gestalten

Planen Sie Ihre Pause voraus:
Sie motivieren sich selbst, indem Sie sich eine Pause versprechen, wenn Sie eine besonders schwere Tätigkeit oder eine A-Aufgabe erledigt haben. Bevor Sie die Pause antreten, geraten Sie in ein Leistungshoch, so dass Sie Ihre Aufgabe blendend und mit gesteigerter Konzentration zu Ende führen können.

Suchen Sie sich unterschiedliche Betätigungen:
Pausen sind umso effektiver, je deutlicher sich Ihre Pausenaktivität von der Arbeitstätigkeit unterscheidet. Geschickter, als in einer

Pause nichts zu tun, ist es, wenn Sie sich gezielt den Antagonisten zu Ihrer Tätigkeit vor der Pause suchen. Arbeiteten Sie vor der Pause am PC, wäre es ungeschickt, wenn Sie in Ihrer Pause im Internet surfen oder Computerspiele angehen würden. Erholsam wäre nach Computerarbeit ein kurzer Spaziergang, Gymnastik, einige gezielte Entspannungsübungen oder Gespräche mit Ihren ArbeitskollegInnen.

Strukturieren Sie Ihren Tagesrhythmus durch Pausen:

Denken Sie bereits am Vorabend, wenn Sie die Tagesplanung für Ihren nächsten Tag anfertigen, an entsprechende Pausen. Immer dann, wenn ein bis zwei Aufgaben in Ihrer Tagesplanung verrichtet sind, sollten Sie eine gezielte Pause setzen. Legen Sie die Mittagspause ungefähr in die Hälfte Ihrer Arbeitszeit. Dadurch erhält Ihr Arbeitstag eine deutliche Struktur, denn er wird in zwei übersichtliche Hälften unterteilt.

Setzen Sie unterschiedliche Pausen ein.

- **Die lange Erholungspause**
  Die Pause nach einer Mahlzeit – also in der Regel die Mittagspause – sollte die längste Pause am Tag sein. Ihr Organismus schickt den Großteil seiner Energien nach einem Mittagessen in den Magen-Darm-Trakt. Sollten Sie nur eine sehr kurze Mittagspause einlegen können, berücksichtigen Sie bitte bereits bei Planung Ihrer Aufgaben, dass Sie nach dem Mittagessen am günstigsten C-Aufgaben oder Routinetätigkeiten verrichten sollten.
- **Die Kurzpause**
  Die Kurzpause wird häufig als Kaffee- oder Teepause genutzt. Fünfzehn- bis zwanzigminütige Kurzpausen reichen völlig aus, um dem Körper zu neuen Kräften und erhöhter Konzentration zu verhelfen. Nutzen Sie Ihre Kurzpause, um ein Getränk zu sich zu nehmen, einen Artikel in einer Fachzeitschrift zu lesen oder sich mit KollegInnen kurzzuschließen.
- **Die Minipause**
  Eine circa fünfminütige Minipause dient Ihnen zur Kurzentspannung. Leistungsfördernd ist es, wenn Sie immer dann eine Minipause einlegen, wenn Sie einen Leistungsabfall oder Konzentra-

Unterschiedliche Pausen und ihre Wirkung

Kurzpause

- **Dauer:** 15 bis 20 Minuten
- **Häufigkeit:** ein- bis zweimal täglich, nach zwei bis drei Stunden
- **Zweck:** gezielte Erholung
- **Einsatz:** zwischen zwei wichtigen Aufgaben (A oder B)
- **Beispiel:** Kaffee-, Teetrinken, Lesen, Unterhalten, Luftschnappen

Mittagspause

- **Dauer:** min. 60 Minuten
- **Häufigkeit:** einmal täglich, nach circa vier Stunden
- **Zweck:** längere Regeneration, Strukturierung des Tages
- **Einsatz:** zur ungefähren Hälfte des Arbeitstages
- **Beispiel:** Mittagspause, Mittagessen, Spaziergang, Mittagsschlaf

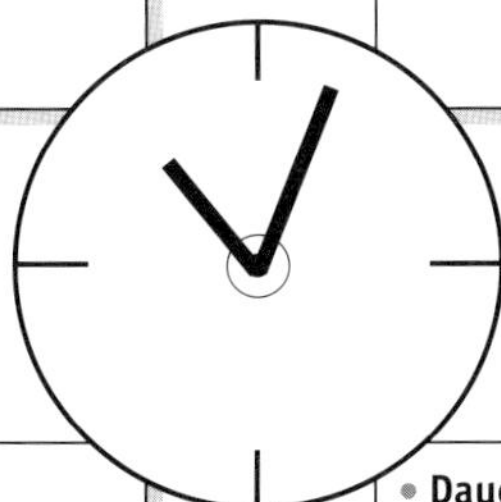

Minipause

- **Dauer:** fünf Minuten
- **Häufigkeit:** bedarfsabhängig, zweimal stündlich
- **Zweck:** Kurzentspannung, Muskellockerung, Leistungssteigerung
- **Beispiel:** Kurzgymnastik, Atemübung, ans geöffnete Fenster treten

Arbeitsunterbrechung

- **Dauer:** maximal eine Minute
- **Häufigkeit:** nach Bedarf, mehrmals pro Stunde
- **Zweck:** Kräfte sammeln, Konzentration
- **Einsatz:** während A-Aufgaben, zwischen A- und B-Aufgaben, zwischen Routinetätigkeiten
- **Beispiel:** ausstrecken, gähnen, zurücklehnen, Augen schließen, Augengymnastik

tionsschwierigkeiten bei sich bemerken. Sie können diese Arbeitsunterbrechung dazu nutzen, um ans geöffnete Fenster zu treten und tief durchzuatmen oder einige Dehnübungen oder eine kurze Augenentspannung zu praktizieren.

- **Die Unterbrechung Ihrer Arbeit**
  Arbeitsunterbrechung heißen Kleinstpausen, die nicht länger als eine Minute dauern. Sie nutzen diese kurzen Unterbrechungen, indem Sie Durchatmen, Verschnaufen oder sich für kurze Zeit zurücklehnen und wenn dies möglich ist herzhaft gähnen, sich dehnen und die Augen schließen. Diese kurze Zeit von einer Minute reicht aus, um Kräfte zu bündeln und Ihr Gehirn mit Sauerstoff zu versorgen.
  Diese Unterbrechungen der Arbeit werden häufig vernachlässigt, um die Arbeit schneller zu verrichten und abschließen zu können. Doch das genaue Gegenteil tritt ein: Ohne kurze Pausen dauert die Arbeit wesentlich länger! Die einminütigen Pausen sorgen für eine enorme Steigerung Ihrer Konzentration: Zurücklehnen, Blicke aus dem Fenster schweifen lassen, Massieren der Schläfen bewirkt, dass Sie für einige Momente Abstand gewinnen von der Aufgabe, an der Sie gerade arbeiten. Diese Minutenentspannung wirkt wahre Wunder!

Lernen Sie es, Ihre Pausen entspannend zu gestalten!

Nervosität, Schlafstörungen, Konzentrationsschwächen, Gereiztheit oder Magenbeschwerden können erste Anzeichen dafür sein, dass Ihr inneres Gleichgewicht aus dem Lot geraten ist und das Verhältnis von Spannung und Entspannung, Arbeit und Erholung in Ihrem Leben nicht ausgeglichen ist. Wenn Sie glauben, dass sich Ihre innere Waage im Ungleichgewicht befindet, führen Sie eine Selbstbeobachtung durch, und notieren Sie über einen gewissen Zeitraum, wieviel Zeit Sie sich nehmen für die angenehmen Dinge des Lebens.

Mentales Training, Meditation, progressive Muskelentspannung, Atemübungen, Yoga, autogenes Training, Fantasiereisen, Balancing ... Diese Aufzählung könnte noch zeilenweise fortgeführt werden. Für welche Technik Sie sich entscheiden, hängt davon ab, wieviel Zeit Ihnen zur Verfügung steht, wie geübt Sie in der Technik sind,

Selbstbeobachtungsbogen

Mein persönliches Entspannungsverhalten in der Woche vom ..... bis			
Beruflicher Bereich Aktion zur Entspannung	Zeit in Minuten	Privater Bereich Aktion zur Entspannung	Zeit in Minuten
	1. Tag		
	2. Tag		
	3. Tag		
	4. Tag		
	5. Tag		
	6. Tag		
	7. Tag		

wie die räumlichen Bedingungen gestaltet sind und vor allem welche Entspannungstechnik Ihnen am ehesten zusagt.

Im Folgenden soll ein praxisbezogener Überblick für Sie entstehen. Sie lernen Entspannungsübungen kennen, die Sie relativ unaufwendig in Ihren persönlichen Pausen in der Kindertagesstätte handhaben können. Tägliche kurze Entspannungsphasen nutzen Ihnen viel mehr als eine lange Entspannungsübung, die Sie nur einmal wöchentlich durchführen. Bereits wenige Minuten täglich erreichen Großes: Wenn Sie eine oder mehrere der nachfolgenden Methoden nach Geiselhart und Burkard (2000) täglich einige Minuten anwenden, führen Sie Ihr Gehirn dadurch in einen sogenannten Alphazustand. Das bedeutet, dass Ihr Gehirn in diesem Zustand Alphawellen produziert. Die gleiche Art von Entspannung empfindet Ihr Körper kurz vor dem Einschlafen. Dennoch „schläft" Ihr Körper im Alphazustand nicht, ganz im Gegenteil: Im Alphazustand arbeitet Ihr Gehirn mit höchster Konzentration. Sie können sich selbst motivieren, Probleme und Lösungen erkennen und Ihr kreatives Potenzial verstärken.

Methoden zur Rekreation in den Pausen

Dauernde Spannung ruiniert Menschen.
Eine unentwegte Melodie ist unerträglich.
Ein Buch ohne Kapitel und Abschnitte ist unverdaulich.
Johannes Müller (1864–1949)

Entspannung in der Arbeitszeitunterbrechung
(Zeit: 1 Minute; Übungen im Sitzen)

Augentraining:
Halten Sie sich einen kleinen Gegenstand ganz nah an Ihr rechtes Auge. Entfernen Sie den Gegenstand in horizontaler Richtung von Ihrem Auge und lassen Sie ihn wieder langsam auf Ihr Auge zuwandern. Fixieren Sie den Gegenstand mit Ihrem rechten Auge. Verfolgen Sie den Gegenstand zunächst mit dem rechten, dann mit dem linken und zum Schluss mit beiden Augen.

Lockern der Gesichtsmuskeln:
- Schneiden Sie alle Grimassen, die Ihnen einfallen.
- Kneifen Sie Ihr Gesicht zusammen, formen Sie einen spitzen Mund und legen Sie Ihre Stirn in Falten.
- Führen Sie stark übertriebene Kaubewegungen durch.

Atemübungen:
- Öffnen Sie Ihren Mund weit und gähnen Sie so tief wie möglich.
- Atmen Sie zehnmal hintereinander bewusst ein und aus. Versuchen Sie dabei, jedes Mal etwas tiefer einzuatmen. Spüren Sie, wie der Atem durch Ihren Körper fließt.
- Sitzen Sie aufrecht. Richten Sie Ihren Oberkörper beim Einatmen soweit wie möglich auf und lassen Sie ihn beim Ausatmen etwas zusammenfallen. Atmen Sie so circa zehnmal ein und aus.

Massage:
- Neigen Sie Ihren Kopf leicht nach vorne und massieren Sie Ihre Schulter-Nackenpartie.

- Massieren Sie mit Ihren Fingerspitzen mit kreisender, leichter Bewegung Ihre Stirn, Ihre Schläfen und Ihre Wangenknochen.
- Nehmen Sie Ihre Ohrläppchen zwischen Ihren Daumen und Ihren Zeigefinger. Kneten Sie Ihre Ohrläppchen zunächst leicht, dann kräftiger und zum Ende hin wieder leicht.

Entspannung in der Minipause
(Zeit: 5 Minuten; freie Platzwahl)

Koordinationsübung:
Berühren Sie drei Sekunden mit Daumen und Zeigefinger Ihrer rechten Hand die Nase und mit Ihrer linken Hand Ihr rechtes Ohr. Danach wechseln Sie: Die linke Hand fasst an die Nase und die rechte Hand an Ihr linkes Ohr. Die das Ohr berührende Hand sollte immer vorne sein. Wiederholen Sie die Übung einige Male indem Sie sie immer schneller durchführen.

Augengymnastik:
Treten Sie ans Fenster heran. Fixieren Sie für 30 Sekunden einen möglichst nahe gelegenen Punkt, der maximal 20 cm von Ihren Augen entfernt ist.
Suchen Sie anschließend einen Punkt, der möglichst weit entfernt liegt. Peilen Sie den Punkt wieder für 30 Sekunden an. Wiederholen Sie diese beiden Übungen vier- bis fünfmal hintereinander.

Gymnastik:
- Schütteln Sie Ihre Hände und Füße kräftig aus. Ziehen Sie mit beiden Füßen kleine Kreise in die Luft.
- Treten Sie ans geöffnete Fenster: Joggen Sie eine Minute auf der Stelle.
- Stehen Sie aufrecht. Strecken Sie Ihren Körper und dehnen Sie sich dabei. Stellen Sie sich dabei vor, an Ihrem Scheitel sei ein breites Band befestigt, das Sie in die Höhe zieht.

Atemübung / Atemmeditation:
Schließen Sie Ihre Augen und stellen Sie sich vor, dass Sie zu einem Nasenflügel ein- und zum anderen wieder ausatmen. Atmen Sie nun folgendermaßen:
- zum linken Flügel ein → zum rechten Flügel aus
- zum rechten Flügel ein → zum linken Flügel aus

- zum linken Flügel ein → zum rechten Flügel aus
- zum rechten Flügel ein → zum linken Flügel aus
- durch beide Flügel ein → durch beide Flügel aus.

Danach beginnt die Atemmeditation von Anfang.
Mit etwas Übung können Sie die Atemmeditation auch mit geöffneten Augen – völlig unbemerkt von Ihrer Umwelt durchführen.

Entspannung in der Kurzpause
(Zeit: 15–20 Minuten; Übungen: freie Platzwahl)

Gymnastik / Entspannen der Schulter-Nackenmuskulatur:

- Setzen Sie sich bequem auf einen Stuhl oder auf den Boden. Halten Sie Ihren Oberkörper in einer möglichst gestreckten, aufrechten Position. Lassen Sie Ihre Arme seitlich entspannt hängen. Lockern Sie Ihre Schultern durch kurzes Hin- und Herschütteln.
- Atmen Sie tief ein. Dabei legen Sie Ihren Kopf so weit wie möglich zurück in den Nacken.
- Atmen Sie tief aus. Beim Ausatmen nehmen Sie Ihren Kopf so weit nach vorne, dass Ihr Kinn den Hals berührt.
- Wiederholen Sie diese Übung mindestens zehnmal und achten Sie immer darauf, dass Ihre Schultern möglichst locker sind.

Fantasiereise „Reise der Sinne":
Setzen oder legen Sie sich bequem an einen ungestörten Platz. Schließen Sie Ihre Augen und atmen Sie einige Male tief und konzentriert ein und aus.

- Denken Sie sich nun den Ort aus, an dem Sie jetzt sein möchten. Erleben Sie diesen Lieblingsort mit allen Ihren Sinnen:
- Sehen Sie den Ort wie eine Postkarte und spielen Sie mit den Farben. Bunte Blumenwiesen, türkisblaues Meer, meterhohe Palmen, weiße, unberührte Sandstrände, leuchtend rote Sonnenuntergänge …
- Hören Sie die für Ihren Ort typischen Klänge und Geräusche: Zirpende Zikaden, das Rauschen der Brandung, Knirschen des Sandes, Vogelgezwitscher …
- Riechen Sie den feinen Duft der Blumen, den herb-salzigen Meeresgeruch …
- Schmecken Sie das Salz auf der Haut, Ihren Fruchtcocktail …

- Spüren Sie die wärmenden Sonnenstrahlen auf Ihrem Rücken, Salz auf Ihrer Haut, den Sand unter Ihren Füßen...

Konzentration „Die Macht Ihres Willens":
Setzen Sie sich auf einen Stuhl. Stützen Sie beide Ellbogen auf einen Tisch auf. Nehmen Sie von einem Stück Wolle, einem Faden oder einer Kette beide Enden in Ihre Hände und hängen Sie einen kleinen Gegenstand an den Faden. Konzentrieren Sie sich auf den Gegenstand und geben Sie durch die Kraft Ihrer Gedanken den Ausschlag des Gegenstandes vor. Ändern Sie nach einer Weile durch Ihre Willenskraft die Pendelbewegung – beispielsweise von Kreisbewegungen in seitlich schwingende Bewegungen.

Meditation: „Gedanken verfolgen":
Suchen Sie sich einen ungestörten Platz. Setzen Sie sich bequem hin, schließen Sie Ihre Augen. Betrachten Sie nun ungefähr fünf Minuten lang Ihre eigenen Gedanken. Lassen Sie Ihre Gedanken fließen – die Gedanken werden kommen und gehen, Gedankensprünge finden statt. Wichtig ist die reine Beobachtung Ihrer Gedanken. Verfolgen Sie die Gedanken nicht weiter und bewerten oder interpretieren Sie sie nicht.

Ruhe:
- Suchen Sie sich ein ruhiges Plätzchen, schließen Sie Ihre Augen und beginnen Sie zu dösen. Vielleicht gelingt Ihnen ein kurzer Mittagsschlaf. Zehn bis 15 Minuten genügen, damit Sie sich wie neu geboren fühlen.
- *Im Sommer:* Legen Sie sich auf eine Wiese (Garten Ihrer Einrichtung) und beobachten Sie, wie die Wolken ziehen, die Blätter der Bäume im Wind spielen, die Bienen fliegen ...
- *Zu anderen Jahreszeiten:* Treten Sie an ein geöffnetes Fenster und beobachten Sie die Natur, die Kinder, den Straßenverkehr ... Lassen Sie Ihre Gedanken dabei schweifen.

Bewegung:
- Legen Sie sich auf den Rücken. Verschränken Sie Ihre Hände hinter dem Kopf. Heben Sie den Kopf und drücken Sie Ihren Kopf so fest wie möglich in die Hände. Halten Sie diesen Widerstand mindestens 20 Sekunden lang, legen Sie dann den Kopf zu Boden und

entspannen Sie Ihre Nackenmuskulatur. Wiederholen Sie diese Übung zwanzigmal.

- *Seil springen.* Holen Sie aus dem Turnraum Ihrer Einrichtung ein Springseil. Springen Sie zehn bis fünfzehn Minuten in wechselndem Tempo Seil.
- *Hoola-hoop.* Nehmen Sie einen Reifen aus Ihrem Turnrepertoire und lassen Sie den Reifen um Ihre Hüften kreisen. Üben Sie so lange, bis das Hoola-hoop einige Minuten gelingt!

Unser Bewusstsein hat zwei Tendenzen: Die eine ist die nach außen zu der erfahrbaren Welt gerichtete, die andere ist die nach innen gerichtete, auf Stille und Klarheit zielende Tendenz.
Gerhard Unger

Entspannung in der Mittagspause
(Zeit: mindestens 60 Minuten Übung: freie Platzwahl)

Meditation (Fünfzehnminütige Kurzmeditation für jeden Tag nach Jeanmaire, 1999):

Entspannen:
- Suchen Sie sich einen Platz, in dem Sie für eine viertel Stunde ungestört sind.
- Schütteln Sie im Stehen Hände, Arme, Beine, Füße und Oberkörper aus. Danach setzen Sie sich bequem auf den Boden oder auf einen Stuhl.

Konzentrieren:
- Schließen Sie Ihre Augen. Blicken Sie nach innen. Sie atmen in tiefen Zügen ein und aus. Konzentrieren Sie sich ausschließlich auf Ihre nächsten ungefähr 100 Atemzüge.

Beobachten:
- Lassen Sie Ihren Gedanken freien Lauf. Betrachten Sie, welche Gedanken Ihnen durch den Kopf gehen. Versuchen Sie, aus sich herauszutreten. Beobachten Sie sich und Ihre Gedanken von oben.
- Achten Sie auch auf die Empfindungen, die bei Ihren Gedanken auftreten.

Sein:

- Jeweils beim Ausatmen sprechen Sie bei den nächsten 50 Atemzügen innerlich das Wort „jetzt". Konzentrieren Sie sich dabei sehr intensiv auf die Gegenwart.

Abschluss:

- Halten Sie solange es Ihnen möglich ist die Luft an. Dann atmen sie kräftig aus und öffnen dabei Ihre Augen.

Ein Zen-Schüler fragte seinen Meister, wie er denn meditieren solle. Der Meister überlegte lange und antwortete schließlich: „Wenn du einen Gedanken zu Ende gebracht hast und der nächste noch nicht begonnen hat, gibt es da nicht eine ganz kleine Lücke?" „Ja", erwiderte der Schüler. „Dann geh und verlängere sie", entgegnete der Meister, „das ist Meditation!"

(Geisselhart/Hofmann, S. 85)

In eine andere Welt überwechseln heißt, sein Bewusstsein verändern.

Drukpa Rinpoche (–1989), tibetanischer Meditationsmeister

Entspannung am Abend

(Zeit: vor dem Einschlafen, Übung: im Liegen (Bett))

Die Tagesbewertung:

Lassen Sie Ihren Tag vor dem Einschlafen Revue passieren. Erinnern Sie sich an erfreuliche und weniger schöne Ereignisse. Bewerten Sie Ihren Tag, indem Sie ihm eine Zensur geben. Sie können sich dabei der gängigen Schulnoten bedienen. Dabei werden Sie mit fortschreitender Bewertung erfahren, dass Ihre Tage ganz passabel ausfallen. Sollte an einem Tag etwas sehr Unerfreuliches geschehen, versuchen Sie, sich zumindest an ein angenehmes Ereignis dieses Tages zu erinnern. Schließen Sie Ihre Tagesreflexion immer mit einen positiven Ereignis ab.

Bunte Sorgenballons:

- Welche Probleme und Sorgen beschäftigen Sie derzeit?
- Denken Sie intensiv an diese Ereignisse oder Personen. Stellen Sie sich beides bildhaft und mit passenden Symbolen vor.

- Nun malen Sie sich vor Ihrem geistigen Auge eine Jahrmarktsbude mit vielen bunten Luftballons aus. Sie kaufen einige Luftballons und übertragen Ihre Bilder und Symbole auf die bunten gasgefüllten Ballons.
- Nacheinander lassen Sie die Ballons nun steigen. Schauen Sie Ihnen solange nach, bis sie am Horizont verschwunden sind.

Sorgen wegschließen:

- Legen Sie sich bequem in Ihr Bett. Schließen Sie die Augen und atmen Sie solange tief ein und aus, bis Sie merken, dass Sie ruhiger werden.
- Stellen Sie sich Folgendes vor: Neben Ihrem Bett stehen stabile Truhen aus Holz. An jeder Truhe ist ein Vorhängeschloss angebracht. Öffnen Sie eine oder mehrere Truhen und packen Sie der Reihe nach Sorgen, Probleme, unerledigte Aufgaben, lange Zeit Verdrängtes, Ihre Ängste und all jenes, das Sie im Moment nicht schlafen lässt hinein. Schließen Sie den Deckel und verriegeln Sie das Vorhängeschloss. Den Schlüssel dazu legen Sie unter Ihr Kopfkissen.
- Am nächsten Morgen können Sie die Truhe wieder öffnen und sich eine bestimmte Aufgabe für den kommenden Tag herausholen.

Leistung

Welcher Leistungstyp sind Sie?

Wenn wir alles täten, wozu wir imstande sind,
würden wir uns wahrscheinlich selbst in Erstaunen versetzen.
Thomas Alva Edison (1847–1931)

Anhand der persönlichen Leistungskurve können Sie Ihren Leistungstypus bestimmen. Graichen und Seiwert (1991) unterscheiden den Morgenmenschen und den Abendmenschen.
Morgenmenschen sind zeitig aktiv und verzeichnen ihr erstes Leistungshoch bereits früh am Morgen. Morgenmenschen ermüden bereits, wenn der Abendmensch zur Hochform aufläuft. Ab 20 Uhr sinkt die Leistungskurve beim Morgenmenschen stetig ab.
Abendmenschen kommen morgens recht schwer „auf Touren“, zeitiges Aufstehen ist ihnen ein Graus. Abendmenschen kommen erst

zwischen 10 und 12 Uhr zu ihrem ersten Leistungshoch. Da das letzte Hoch beim Abendmenschen zwischen 22 und 24 Uhr liegt, macht er seinem Namen alle Ehre, denn der Abendmensch ist häufig bis in die späten Abendstunden aktiv.

Die Leistungskurve der Morgenmenschen

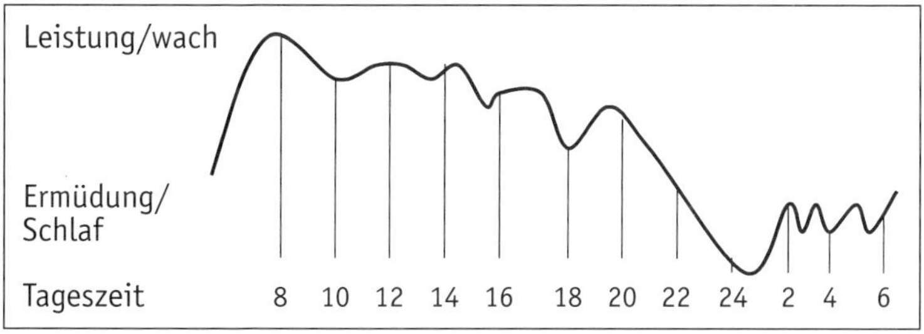

Tipps für Morgenmenschen:

- Fangen Sie möglichst früh mit Ihrer Arbeit an. Beginnen Sie, wenn Ihnen dies möglich ist, vor dem Eintreffen Ihrer MitarbeiterInnen. Erledigen Sie Wichtiges bereits, bevor Kinder und Eltern eintreffen und die ersten Telefone klingeln.
- Ihre Hochleistungsphase liegt im frühen Vormittag. Legen Sie Aufgaben mit A-Priorität in diese Phase. Erledigen Sie als erstes wichtigste Aufgaben.
- Planen Sie das, was Sie unbedingt an einem Tag erledigen müssen, in die ersten Stunden des Vormittags. Was Sie nicht zeitig schaffen, werden Sie, wenn Ihre Leistung erst nachlässt, nicht mehr angehen – es bleibt höchstwahrscheinlich für den restlichen Tag liegen.
- Nutzen Sie Ihr Leistungstief am Nachmittag sinnvoll: Planen Sie möglichst viele Routineaufgaben in den Nachmittag ein.
- Abendtermine fallen Ihnen eher schwer. Ab 20 Uhr lässt Wachheit und Konzentration bei Ihnen nach. Legen Sie wichtige Sitzungen nicht in die Abendstunden und begrenzen Sie, wenn möglich, Abendtermine auf maximal 21 Uhr.
- Verhandlungen und Strategiegespräche sollten Sie immer am Vormittag führen.

Die Leistungskurve des Abendmenschen

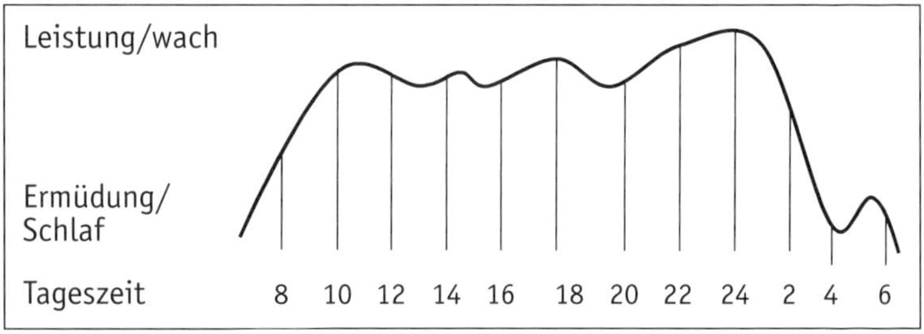

Tipps für Abendmenschen:

- Beginnt Ihre Arbeitszeit am frühen Vormittag, haben Sie ihr Leistungshoch noch nicht erreicht. Widmen Sie sich in dieser Zeit den Routinearbeiten oder C-Aufgaben. Während dieser Zeit können Sie die Tagespost sichten, telefonieren, Routineelterngespräche führen, Post beantworten und in Ihrer Kindergruppe für einen harmonischen und ruhigen Tagesbeginn sorgen.
- Ihre Hochleistungsphase liegt im späten Nachmittag. Halten Sie sich unbedingt diese Zeit für wichtige Aufgaben frei. Legen Sie Tätigkeiten mit A-Priorität in diesen Zeitraum.
- Planen Sie, was Sie unbedingt an einem Tag erledigen müssen, für den Nachmittag ein. Quälen Sie sich nicht mit A-Aufgaben am Vormittag herum, nur weil viele andere in dieser Zeit ihre Hochleistungsphase verzeichnen – akzeptieren Sie Ihren persönlichen Leistungsrhythmus!
- Bleiben Sie, wenn Ihnen dies möglich ist, noch in Ihrer Einrichtung, wenn MitarbeiterInnen und Kinder zu Hause sind. In dieser Zeit können Sie doppelt profitieren: Die Störungen durch Telefone, KollegInnen, Kinder und Eltern sind in dieser Zeit äußerst gering, da Sie niemand mehr in der Einrichtung vermutet. Zudem nutzen Sie Ihr Leistungshoch vollständig aus, indem Sie jetzt hochkonzentriert Arbeiten von höchster Priorität ausführen.
- Abendtermine sind für Sie als Abendmenschen von Vorteil. Ab 20 Uhr laufen Sie zur Bestform auf. Wachheit und Konzentration sind in dieser Zeit auf einem hohen Level. Gremienarbeit, wichtige Besprechungen und Sitzungen sind für Sie in dieser Zeit ideal.

- Verhandlungen und Strategiegespräche sollten Sie wenn möglich immer am späten Nachmittag oder gegen Abend führen.
- Doch Vorsicht: Achten Sie als Abendmensch unbedingt auf ein ausgewogenes Verhältnis zwischen Beruf und Privatleben. Die latente Gefahr besteht, dass Sie als Abendmensch viele berufliche Aktivitäten in Ihren Feierabend packen. Familie, Freunde und Freizeit leiden darunter; die Grenze zum Workaholic ist beim Abendmenschen schnell überschritten!

Ihre persönliche Leistungskurve

Nutzen Sie die folgende Grafik, um Ihre persönliche Leistungskurve zu zeichnen. Überlegen Sie sich vor dem Erstellen Ihrer Kurve folgendes:

- Wann wachen Sie auf, wenn Sie nicht geweckt werden?
- Wann würden Sie aufstehen, wenn Sie überhaupt keine Verpflichtungen hätten?
- Sind Sie wirklich wach und aktiv, wenn Sie Ihre Arbeit beginnen?
- Wann tritt am Vormittag eine erste Ermüdung auf?
- Um welche Zeit ermüden Sie am Nachmittag?
- Wann werden Sie abends müde?
- Können Sie die Müdigkeit überwinden?
- Wann schlafen Sie abends ein?

Meine persönliche Leistungskurve

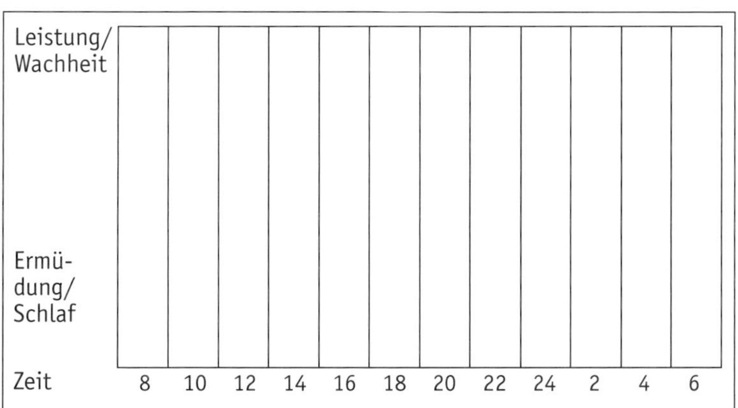

Vergleichen Sie Ihre Leistungskurve mit den Kurven des Morgen- und des Abendmenschen! Was stellen Sie fest? Vielleicht erkennen Sie nun, dass Sie Ihre Arbeitsgewohnheiten umstellen sollten. Manchmal verhelfen bereits kleine Umstellungen zu viel größerer Effektivität!

Ganz gleich, ob Sie sich als Morgen- oder Abendmensch einstufen, Sie steigern Ihre Leistungsfähigkeit um ein vielfaches, wenn Sie folgende Grundsätze verinnerlichen:

Grundsätze, die zur Leistungssteigerung verhelfen

- Lesen Sie anhand Ihrer Leistungskurve Ihre Hochphasen ab.
- Verlegen Sie wichtigste Aufgaben immer in Ihr Leistungshoch.
- Halten Sie die Störungen während dieser Zeit so gering wie irgend möglich.

Reine Zeitverschwendung: Tipps gegen Zeitfallen

Es gibt Diebe, die von den Gesetzen nicht bestraft werden und den Menschen doch das Kostbarste stehlen: die Zeit.
Napoleon I. Bonaparte (1769–1908)

Sicher kennen Sie alle folgende Situation: Sie müssen eine wichtige Aufgabe erledigen. Für den heutigen Vormittag haben Sie diese Aufgabe eingeplant. Vorher schauen Sie noch kurz zu Ihrer Kollegin in die Gruppe und besprechen etwas Dingendes mit ihr. Bevor Sie Ihre Aufgabe angehen – fällt Ihnen nun ein – könnten Sie geschwind noch ein Antwortfax losschicken und zwei Telefonate verrichten. Nun richten Sie sich in Ruhe Ihre Aufgabe her, da klingelt das Telefon und Ihr Träger bittet Sie, etwas für ihn zu erledigen. Eine Kollegin schaut herein, sie braucht dringend Ihre Hilfe ...
Sicherlich wissen Sie bereits, dass die wichtige Aufgabe an diesem Tag nicht verrichtet wird, denn die Störungen waren an diesem Tag wieder einmal zu häufig.

Störungen gehören jedoch zum „Alltagsgeschäft" jeder Erzieherin. Ein wesentlicher Teil des Selbst- und Zeitmanagements besteht darin, zu lernen, Störungen zu erkennen, zu vermindern oder mit Ihnen umzugehen. Sicherlich wäre es vermessen, wenn Sie jedes Elterngespräch als Störung betrachten würden und auch aus diesem Grunde die Telefongespräche in Ihrer Einrichtung nicht mehr entgegennehmen würden. Die Kunden Ihrer Einrichtung – gleichgültig mit welchem Anliegen sie an Sie herantreten – sollten Sie daher niemals als Störung betrachten.

Was hält Sie also von Ihrer zielgerichteten und geplanten Arbeit ab? Welches sind die Ursachen dafür, dass Sie Ihre Ziele nicht verfolgen können? – Ein Teil der Ursachen ist sicherlich bei Ihnen selbst zu suchen. Dazu kommen häufig äußere Faktoren, die nach eingehender Betrachtung modifiziert werden sollen.

Persönliche Abgrenzung

Nicht Nein sagen können

Wenn Sie bei sich Probleme feststellen, Nein zu sagen, ergründen Sie die Ursachen dafür: Haben Sie Angst davor, den anderen durch Ihr Nein zu verletzen? Oder genießen Sie das Gefühl, von allen gebraucht zu werden? Durch die Schwierigkeit, Nein zu sagen, geraten Sie in einen Kreislauf: Sie nehmen – obwohl Sie eigentlich keine Zeit dafür haben, zusätzliche Aufgaben an. Dadurch sinkt Ihre eigene Arbeitsmotivation, negative Gefühle werden ausgelöst: „Schon wieder ich, immer bin ich für alles zuständig; nie habe ich meine Ruhe; warum kann es nicht einmal eine Kollegin tun."

Dennoch werden weitere Aufgaben an Sie herangetragen, die Sie wieder akzeptieren, dadurch geraten Sie immer weiter in Zeitnot, Ihre Arbeitsfreude geht verloren, Aggressionen bauen sich auf.
Die Tendenz, nicht Nein sagen zu können kann folgende Ausprägungen haben:

Das „Das schaffe ich auch noch-Syndrom"

Welchen Eindruck haben Sie von sich selbst? Sagen Sie grundsätzlich zu allen neuen und arbeitsintensiven Aufgaben Ja? Wollen Sie anderen, vor allem aber sich selbst beweisen, dass Sie mehr leisten als alle anderen und dass Sie immer alles unter Kontrolle haben, auch wenn Sie dafür schneller, härter und länger arbeiten als Ihre Kolleginnen? Diese Form von fehlender Abgrenzung heißt nach Hovermann (2001) „Das schaffe ich auch noch-Syndrom".
Dabei gelingt es Ihnen nicht, Ihre eigenen Grenzen realistisch einzuschätzen. Für Workaholics ist dieses Syndrom ein klassisches Problem.

Nein sagen und trotzdem helfen

Eine KollegIn ist für eine Aufgabe zuständig, die Sie ablehnten. Die Kollegin holt sich nun häufig Ihren Rat und Ihre Hilfe, verlangt Informationen von Ihnen. Ehe Sie es recht bemerken, springen Sie ein und erledigen die Aufgabe für Ihre KollegIn.

Sich immer wieder überrumpeln lassen

Wenn Aufgaben spontan offeriert werden, geraten Sie unter Druck und sagen Ja, obwohl Sie wissen, dass ein Nein angezeigter wäre.

Doch wie kann es Ihnen gelingen, nicht immer gleich Ja zu sagen? – Arbeiten Sie nach festen Grundsätzen, wenn Sie das nicht Nein-sage-Problem angehen wollen:

- **Grundsatz 1: Was zählt ist Qualität, nicht Quantität.**
  Nehmen Sie sich Zeit für wichtige Aufgaben und Projekte, die Sie qualitativ hochwertig erledigen. Sprechen Sie sich immer wieder dafür aus, dass Aufgaben nach Fähigkeiten und Kompetenzen verteilt werden. Sie sind kein Abfalleimer für alle anfallenden Arbeiten in Ihrer Kindertageseinrichtung. Pochen Sie, wenn neue Aufgaben an Sie gestellt werden, einmal auf den wirtschaftlichen

Faktor. Sprechen Sie es ruhig aus, wenn Ihre Arbeitskraft zu teuer ist, um eine gewisse Aufgabe zu verrichten. Setzen Sie sich das persönliche Ziel, bewusst Nein zu sagen zu Aufgaben, die nicht für Sie bestimmt sind. Dabei kann Ihnen die Stellenbeschreibung zugute kommen. Sie ist die exakte Definition Ihres Aufgabenbereiches. Mit ihrer Hilfe können Sie bei Aufgaben, die nicht in Ihren Verantwortungsbereich fallen, viel leichter fundiert und klar Nein sagen.

- **Grundsatz 2: Schaffen Sie Beweise, was Sie bereits alles tun.**
  Nutzen Sie dabei die schriftliche Planung. Die konsequent geführte Tages- oder Wochenplanung mit Pausen, Pufferzeiten und Ihren privaten Terminen dient Ihnen selbst und auch allen KollegInnen und Vorgesetzen als Indikator dafür, wenn Ihr Zeitbudget ausgeschöpft ist. Sie selbst können dadurch leichter Ihre persönlichen Grenzen erkennen. Machen Sie Ihr Zeitplaninstrument vor allem in Sitzungen und Besprechungen zu Ihrem ständigen Begleiter. Es verdeutlicht auch für andere, wenn Sie zeitlich voll ausgelastet sind.

- **Grundsatz 3: Üben Sie gezielt das Nein-Sagen.**
  Setzen Sie sich zum Ziel, das Nein sagen zu lernen. Das schaffen Sie, indem Sie es üben. Legen Sie vorher für sich selbst den Personenkreis und die konkrete Situationen fest. Versprechen Sie sich beispielsweise: „Ich werde in der nächsten Teambesprechung keine weiteren Aufgaben annehmen, weil ich in den kommenden Wochen bereits genügend Aufgaben eingeplant habe." Kontrollieren Sie hernach, ob Sie das Nein verwirklichten. Beobachten Sie auch, ob es bestimmte Situationen oder einen bestimmten Personenkreis gibt, bei dem Sie immer wieder in die Ja-sage-Falle tappen. Reagieren Sie eventuell zu rasch, wenn Sie jemand um Hilfe bittet? Nehmen Sie im KollegInnenkreis alle Aufgaben an? Oder sagen Sie überstürzt immer dann Ja, wenn ein Vorgesetzer Ihnen eine Aufgabe stellt?

Sieben Tipps, die Nein-Sagen erleichtern (Hovermann, 2001):

- Üben Sie immer wieder, Nein zu sagen.
- Sagen Sie freundlich, aber bestimmt Nein.
- Begründen Sie Ihr Nein ehrlich.
- Bleiben Sie bei Ihrem Nein.
- Loben Sie sich für Ihre Erfolge!
- Beobachten Sie sich selbst: In welchen Situationen gelingt Ihnen das Nein-Sagen nicht?
- Merken Sie sich: Jeder hat das Recht, Nein zu sagen.

Unangenehme Aufgaben vor sich herschieben

Diese, auch „Aufschieberitis" genannte Zeitfalle ist Ihnen sicherlich sehr bekannt. Fast jeder neigt dann und wann dazu, unangenehme Aufgaben vor der Erledigung etwas vor sich herzuschieben. Bedenklich und unendlich zeitraubend wird dieses Verhalten jedoch immer dann, wenn es als Problemlösungsstrategie eingesetzt wird. Ihnen fehlt dabei die nötige Konsequenz, für sich ein Arbeitsumfeld zu schaffen, in dem Sie Ihre Tätigkeit planen, beginnen und ernsthaft zu Ende führen können. Sie finden für sich selbst und für andere immer wieder Begründungen und Rechtfertigungen, warum Sie diese Tätigkeit gerade derzeit nicht ausführen können. Diese Erklärungen lauten beispielsweise „zu wenig Zeit am Stück um eine zeitintensive Aufgabe zu erledigen", „zu viele Störungen verschiedenster Art", „eine Vielzahl von anderen dringenden Aufgaben". Diese Rechtfertigungen sind, vor allem dann, wenn sie wiederholt ausgesprochen werden, allesamt Fluchtstrategien.
Die Tendenz, Aufgaben zu verzögern, kann sich in folgenden Ausprägungen bemerkbar machen:

Sie schieben unangenehme Entscheidungen zu lange vor sich her.

Die neue ErzieherIn befindet sich noch in der Probezeit. Bereits nach wenigen Wochen wird sehr deutlich, dass die KollegIn aus verschiedensten Gründen nicht in Ihre Einrichtung passt. Sie wissen, dass Sie Stellung beziehen müssen und schnellstens mit Ihrem Träger Situation und weiteres Vorgehen besprechen sollten. Dennoch beobachten Sie eher halbherzig das Verhalten der neuen ErzieherIn und hoffen, dass sich die Situation von alleine bereinigt.

Sie versuchen, Ungeliebtes auf andere abzuschieben.

Die vierjährige Tochter einer Elternbeirätin der Einrichtung besucht Ihre Gruppe. Sie beobachten seit geraumer Zeit bei dem Kind Auffälligkeiten im Bereich der Wahrnehmung und der Motorik. Sie nehmen sich vor, der Mutter im Elterngespräch davon zu berichten und ein Vorstellen des Kindes bei einem therapeutischen Fachdienst zu empfehlen. Kurz vor dem Termin mit der Mutter bitten Sie Ihre Kollegin, das Elterngespräch zu führen, da Sie wegen einer anderen dringenden Aufgabe verhindert sind.

Sie unterbrechen die für Sie unangenehmen Aufgaben häufig und wenden sich anderen Dingen zu.

Eine umfangreiche und zeitintensive Statistik liegt vor Ihnen. Nachdem Sie die Kopfzeilen ausgefüllt haben, bemerken Sie, dass Ihre Lieblingstopfpflanze von Schädlingen befallen ist. Mit einer KollegIn klassifizieren Sie die Gattung der Schädlinge. Danach wenden Sie sich wieder einer Fragestellung in Ihrer Statistik zu. Nach diesen Angaben suchen Sie im Internet nach Methoden der biologischen Schädlingsbekämpfung bei Topfpflanzen.

Sie verfangen sich in Nebensächlichkeiten.

Sie bereiten ein Statement für den Jugendhilfeausschuss vor. Noch ehe Ihr Statement inhaltlich steht, planen Sie bereits gedanklich die anschließende Diskussion, indem Sie versuchen, allen Mitgliedern des Ausschusses Redebeiträge und Standpunkte zuzuordnen.

Sie beginnen zu trödeln.

Der Verwendungsnachweis für Projektgelder muss beim Ministerium vorgelegt werden. Ihre Aufgabe ist es, die pädagogischen Zielsetzungen und den Praxistransfer umfangreich schriftlich darzulegen. Für diese Aufgabe planten Sie 90 Minuten Zeit ein. Sie benötigen bereits 45 Minuten, um die Überschriften zu formatieren und einen Schriftstil für den Bericht auszusuchen.

Sie nehmen sich vor, vor der unangenehmen Aufgabe Ihren gesamten Aufgabenkatalog abzuarbeiten.

Die Dokumentation zahlreicher Eltern- und Lehrergespräche steht an. Sie wissen, dass es leichter wäre, wenn Sie jedes Protokoll unmittelbar nach dem abgeschlossenen Gespräch angefertigt hätten. Sie wollen nun besonders eifrig erscheinen und beschließen, die Protokolle erst dann zu beginnen, wenn es Ihnen gelang, vorher alle anderen Aufgaben zu erledigen.

Beobachten Sie Ihr eigenes Verhalten und ergründen Sie Ihre Intension, warum Sie eine Aufgabe nicht plangemäß erfüllen. Entdecken Sie Strategien der Aufschieberitis bei sich selbst, sollten Sie beginnen, dieses Verhalten konsequent zu bekämpfen. Doch wie können Sie Ihrer eigenen Aufschieberitis entgegenwirken?

Die Aufgabe erdrückt Sie, sie erscheint Ihnen zu groß, zu schwierig, zu komplex:

- Zerlegen Sie das Gesamte in kleine überschaubare Teilaufgaben.
- Setzen Sie sich das Ziel, mindestens jeden zweiten Tag ein Element der Aufgabe zu bewältigen.
- Belohnen Sie sich, wenn Sie die gesamte Aufgabe vollendet haben.

Sie fürchten, dass Sie der Aufgabe nicht gewachsen sind:

- Sprechen Sie Ihre Befürchtung an.
- Teilen Sie sich demjenigen mit, der Ihnen die Aufgabe übertragen hat.
- Sprechen Sie konkret das Ziel der Aufgabe ab.
- Vergewissern Sie sich, dass über die Art und Weise der Durchführung Konformität besteht.

Sie mögen die Aufgabe nicht und wissen bereits, dass Sie Ihnen überhaupt nicht liegt:

- Prüfen Sie anhand des Kompetenzprofils der MitarbeiterInnen Ihrer Einrichtung, ob Sie die Aufgabe an eine dafür befähigte KollegIn übertragen können.
- Ist dies nicht möglich, versuchen Sie zumindest, sich einen „Expertenrat" einzuholen.
- Trösten Sie sich mit der Gewissheit, dass es in jedem Beruf auch Aufgaben gibt, die einem persönlich weniger liegen.

Zeitvergeudung durch Perfektionsdenken

Erinnern Sie sich an die Ausführungen im Kapitel 2 „Perfektionismus ist keine Stärke". Denken Sie an die Zeit, die Sie für sich persönlich und auch für Ihre Einrichtung gewinnen, wenn Sie nur 20 Prozent Ihrer Zeit in eine Aufgabe investieren und mit diesem Aufwand bereits ein gutes Ergebnis erhalten. Entsinnen Sie sich vor allem bei neuen Aufgaben, die Sie besonders perfekt erledigen möchten, an Vilfredo Pareto und sein 20-80-Prinzip (siehe Seite 39f.).

Appellieren Sie an Ihre eigene Arbeitshaltung:

- Konzentrieren Sie sich auf Ihre wesentlichen Aufgaben.
- Planen Sie dafür eine angemessene Zeit ein.
- Eine fertiggestellte Aufgabe wird von Ihnen nicht weiter optimiert. Nutzen Sie Ihre Zeit lieber für andere wesentliche Aufgaben.
- Nutzen Sie die Kompetenzen Ihres Teams. Verteilen Sie Aufgaben auf vielen Schultern.
- Gute Ergebnisse reichen völlig aus. Trainieren Sie Ihre eigene Zufriedenheit damit.

Falls Sie trotz aller guten Vorsätze immer wieder Zeit durch Ihren Perfektionismus verschwenden, schreiben Sie sich einen Erinnerungszettel mit dem Stichwort „Pareto", der Ihnen den Vorsatz immer wieder ins Gedächtnis ruft.

Kommunikationsstrukturen

Kommt es in Ihrer Einrichtung häufiger vor, dass getroffene Absprachen nicht exakt eingehalten werden? Verlaufen Abkommen im Sande, treten in der Einrichtung Missverständnisse auf, fühlen sich Ihre KollegInnen zeitweilig uninformiert? Fließen Informationen in Ihrer Einrichtung nur zäh und erreichen die Informationen nicht alle MitarbeiterInnen? Haben Sie den Eindruck, dass Sie in Besprechungen viel Zeit vergeuden, ohne Wesentliches zu bewirken? – Dies alles kann daran liegen, dass Ihre Art zu kommunizieren, nicht ganz optimal ist und zu wenig auf die Struktur in Ihrer Einrichtung ausgerichtet ist.

Wege zum effektiven Informationsfluss

Rationalisieren und standardisieren Sie.

Entwickeln Sie Formblätter und Checklisten für alles, was Sie in Ihrer Kindertageseinrichtung häufiger brauchen. So gewährleisten Sie einerseits Zeitersparnis, weil durch Checklisten und Formblätter der grobe Rahmen bereits existiert und weniger Zeit für wiederkehrende Planungen verloren geht. Andererseits sind wiederkehrende Aufgaben leichter und schneller an Dritte zu übertragen, wenn bereits eine Checkliste dafür existiert.

Für den Einsatz in einer Kindertagesstätte bewähren sich beispielsweise Checklisten mit Zeitschienen und Erfahrungswerten für alle größeren wiederkehrenden Veranstaltungen. Formblätter wie zum Beispiel to-do-Listen, Bestelllisten, Protokollvorlagen für Eltern-, Lehrer-, Teamgespräche, Telefonvorlagen und Wochenplanformblätter, Überstundenlisten und Arbeitspläne sind äußerst sinnvoll und zeitsparend.

Halten Sie Zuständigkeiten immer schriftlich fest.

Wer auch immer in Ihrer Einrichtung für einen gewissen Bereich zuständig ist, wer eine neue Verantwortung übernimmt, Sie sollten dies unbedingt schriftlich festhalten. Erstellen Sie eine Art „Verantwortungskatalog“, der neben dem Zuständigen auch noch die dazugehörenden Aufgaben desjenigen visualisiert. Frischen Sie die Zuständigkeiten im Gedächtnis Ihres Teams auf, indem Sie im Rahmen von Teambesprechungen von Zeit zu Zeit Verantwortlichkeiten und Aufgabenbereiche nochmals erläutern.

Visualisieren Sie möglichst vieles.

Sie planen ein neues Projekt oder ein besonderes Fest in Ihrer Einrichtung? – Verlassen Sie sich nicht darauf, dass jede MitarbeiterIn Informationen und Absprachen stets präsent hat, auch wenn die Inhalte bereits in einer Teambesprechung thematisiert wurden.

Schaffen Sie visuelle Hilfestellungen für Ihre KollegInnen und lassen Sie dabei Ihrer Kreativität freien Lauf. Bei einer neuen Projektplanung ist es sicherlich für Sie selbst und das komplette Team hilfreich, wenn Sie Ihre gemeinsame Planung auf Metaplanpapier übertragen und an einer für die MitarbeiterInnen zentralen Stelle in Ihrer Einrichtung aushängen.

Beispiel für einen Planungsaushang

Projektplanung „Mutprojekt für Mädchen von 12–16 Jahren"			
Inhalt	Wer?	Bis wann?	Ok?
Entwurf des Elternbriefes zum Thema	Sibylle	01.03.	
Einführung einer Mädchensprechstunde	Evi	19.03.	
Kontakt knüpfen zu Wen-do-Trainerin	Horst	15.05.	
Verantwortliche Begleitung des Wen-do-Kurses	Miriam	01.06. – 15.07	
Begleitung der Mädchensprechstunde und inhaltliche Verantwortung	Eva und Gabi	19.03. – 30.07	

Hängen Sie eine to-do-Liste aus.

Sie nehmen Ausreden und vergessene Zuständigkeit durch bloßes Aushängen der Liste vorweg. To-do-Listen treiben Menschen, die gerne Aufgaben vor sich herschieben zur Eile an. Tendenziell möchte niemand namentlich auf einer solchen Liste vermerkt sein, der augenscheinlich als einziger seine Aufgabe noch nicht erledigt hat. Legen Sie besonderen Wert darauf, Verantwortlichkeiten, Deadlines, to-do-Listen und neue Ideen schriftlich zu fixieren.

to-do-Liste (Erledigtes bitte streichen)	
Aufgabe	**Zuständig**
~~Platzkarten entwerfen~~	~~Sabine~~
Presseeinladungen schreiben und verschicken	Manuela
~~Blumenschmuck vorbereiten~~	~~Jens~~
~~Tischvorlage für Ehrengäste~~	~~Gudrun~~
~~Garnitur bestellen~~	~~Martin~~

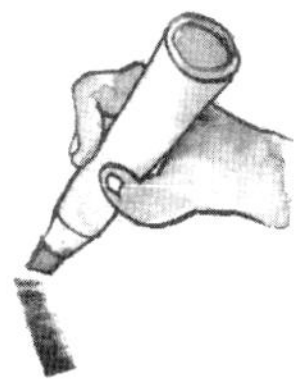

Sorgen Sie dafür, dass wichtige Informationen fließen.

Vergaßen Sie schon einmal, eine Teilzeitkraft zum Abschlussessen einzuladen? Die Berufspraktikantin erhielt die wichtige Information nicht, weil sie wegen eines Unterrichtstages die Teambesprechung versäumte? Damit Informationen trotz Teilzeitbeschäftigung, Schultagen, Fortbildungszeit oder Krankheit fließen, sollten Sie ein Verteilersystem in Ihrer Kindertageseinrichtung einführen. Einfach, preisgünstig und raumsparend sind stapelbare Ablagekästen, die es sowohl in Plastik als auch in Holz- oder Edelstahlausführung zu erwerben gibt. Übereinandergeschichtet und mit Namensschild der betreffenden MitarbeiterIn versehen, können Sie das Verteilersystem jederzeit nutzen. Sorgen Sie lediglich dafür, dass die persönliche Ablage auch regelmäßig von allen MitarbeiterInnen geleert wird.

Verwenden Sie Verteilerkästen für alle wesentlichen schriftlichen Informationen. Persönliche Unterlagen, Gehaltsmitteilungen, Kopien und Einladungen können Sie so sicher, zuverlässig und vor allem gleichzeitig an alle MitarbeiterInnen verteilen.

Bei besonders wichtigen oder eiligen Informationen, bei denen es darauf ankommt, jede MitarbeiterIn persönlich und schnell zu informieren, können Sie Rundschreiben in Umlauf bringen. Vermerken Sie lediglich auf dem Rundschreiben, dass es von jeder Mitarbeiterin persönlich gelesen und unterzeichnet wird und zum Schluss wieder bei Ihnen am Schreibtisch oder in der persönlichen Ablage ankommen soll.

Beispiel für eine Umlauf-Information

Rundschreiben

xxxxxxxxxxxxxxxxxxx
xxxxxxxxxxxxxxxxxxx
xxxxxxxxxxxxxxxxxxx
xxxxxxxxxxxxxxxxxxx

Persönlich gelesen
und unterzeichnet

Gabi ____________
Anette ____________
Hans ____________
Frieda ____________

Zeitsparende Besprechungskultur

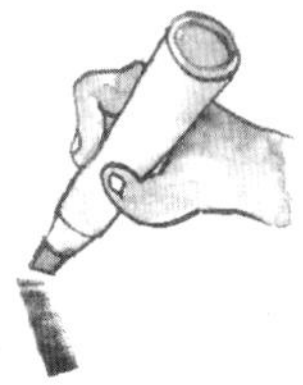

Sammeln Sie die Punkte der Teambesprechung im Voraus.

Bereits einige Tage vor der Besprechung können alle ErzieherInnen ihre Besprechungspunkte auf einer Liste eintragen, die für jeden zugänglich aushängt. So verschaffen Sie sich bereits vor der Teambesprechung einen differenzierten Überblick über Umfang, Art und Weise des Besprechungsbedarfes. Bei zu vielen Tops oder zu hohem Diskussionsbedarf versuchen Sie vorher, Punkte, die langfristig gelöst werden können, zu vertagen.

Bündeln Sie in Besprechungen Gleichartiges.

Sie sparen Zeit, wenn Sie die Besprechung nach formalen Gesichtspunkten strukturieren. So stellen Sie sicher, dass in einem Teil der Teambesprechung nicht diskutiert und bewertet, sondern ausschließlich über Sachverhalte informiert wird. Nach dem Informationsteil kann sich ein Bewertungs- oder Diskussionsteil anschließen, in dem all jene Punkte besprochen werden, die einer Bewertung bedürfen. Danach bewährt sich ein Entscheidungsblock, an den sich ein Planungsteil anschließen kann. Probieren Sie diese Struktur in Ihrer Teambesprechung einige Zeit aus – Sie werden sehen, wieviel wertvolle Besprechungszeit Sie damit sparen! Entscheidend für das Funktionieren ist natürlich die gründliche Einführung dieser Besprechungskultur in Ihrem Team. Nach intensiver Erklärung können Sie bereits ein Formblatt mit der Besprechungsstruktur aushängen, das Ihrem Team als Sammelliste für die Tops der Besprechung dient. Dieses Blanko-Formblatt kann Ihnen während der Besprechung auch als Protokollvorlage gute Dienste leisten (siehe Vorlage Seite 99).

Zeitspartipps für Teamsitzungen (Wieke, 2000)

1. Streichen Sie „Gewohnheitsmeetings".

Immer dann, wenn eine Besprechung nur turnusmäßig stattfindet und kein Ziel erreicht werden soll, können Sie dieses Treffen ersatzlos streichen. Effektiver sind kreative Blitztreffen, die nur einen Sachverhalt klären und nicht länger als fünf bis zehn Minuten Zeit kosten.

Vorlage für Besprechungen

Einrichtung:
Art der Besprechung:
Datum, Uhrzeit:

Informationsteil:

1. ______
2. ______
3. ______
4. ______
5. ______
6. ______
7. ______
8. ______

> Für reine Informationen, wie Kurzberichte über Fortbildungen, Info über Elterngespräche, Bekanntgabe von Verhandlungsergebnissen.
>
> Bewertung, kritisches Hinterfragen oder Diskussionen werden in diesem Teil nicht zugelassen!

Bewertungsteil:

1. ______
2. ______
3. ______
4. ______
5. ______

> In diesem Block sind kollegialer Austausch, kontroverse Meinungen und fruchtbare Diskussionen ausdrücklich erwüscht!

Entscheidungsteil:

1. ______
2. ______
3. ______
4. ______
5. ______

> In diesen Teil gehören alle Tops, die in der Teambesprechung entschieden werden, z.B. Entscheidung über neues Projektthema, über Spielgeldverwendung, über neue Zielgruppen ...

Planungsteil:

1. ______
2. ______
3. ______
4. ______
5. ______
6. ______
7. ______
8. ______

> In „planungsfreudigen" Teams kann dieser Teil entsprechen ausgebaut werden. In den Planungsblock gehören die Planung von Festen, die Wochen- und Monatsplanung der Kita, Planung und Ausgestaltung neuer Schwerpunkte ...

2. Überprüfen Sie den TeilnehmerInnenkreis.

Kontrollieren Sie, ob tatsächlich alle MitarbeiterInnen an der Besprechung teilhaben müssen. Kleine Besprechungskreise sind oft effizienter. Bei Sitzungen, die Problemlösungen oder Kreativstrategien zum Ziel haben, bewirkt eine kleine KollegInnenzahl häufig in kürzerer Zeit mehr.

3. Dauer und Zeitpunkt entscheiden über den Besprechungserfolg.

Beachten Sie die Leistungskurve. Setzen Sie in Tiefphasen möglichst keine Besprechungen an. Kurz vor der Mittagspause und knapp vor Dienstende sind Meetings zeitlich schlecht gewählt.
Keine Besprechung darf länger als zwei Stunden dauern. Ergebnisse, die in dieser Zeit nicht erzielt wurden, stellen sich auch nach weiteren Stunden nicht mehr ein. Viele Werbeagenturen, die auf kurze und effektive Besprechungen angewiesen sind, halten Ihre Besprechungen deshalb im Stehen ab.
Beginnen Sie Besprechungen immer pünktlich. Wenn fünf Minuten nach dem festgelegten Termin noch nicht alle TeilnehmerInnen anwesend sind, eröffnen Sie die Sitzung.

4. Keine Besprechung ohne Tagesordnung und Moderation

In der Besprechung selbst kommen nur 10 Prozent der kreativen Ideen zustande, in der Freizeit jedoch über 70 Prozent. Deshalb sollten die Tagesordnungspunkte vor der Besprechung feststehen und auch Ihrem kompletten Team bekannt sein.
Die Besprechungsmoderation kann die LeiterIn Ihrer Einrichtung übernehmen, denkbar wäre auch eine rolling-moderation, die bei jeder Sitzung eine andere ErzieherIn übernimmt. Die ModeratorIn führt während des Meetings straff durch die Besprechungspunkte, verhindert Abschweifungen und Endlos-Palaver und verbietet allen TeilnehmerInnen Killerphrasen.

5. Halten Sie die Besprechungsergebnisse immer schriftlich fest.

Dokumentieren Sie alle relevanten beruflichen Gespräche in Protokollform. Formulierungen im Protokoll sollten kurz, sachlich und präzise sein. Als Grundsatz kann gelten: Der Inhalt des Protokolls muss von Unbeteiligten verstanden werden.

Der Protokollkopf beinhaltet folgendes:
- Name der Einrichtung
- Bezeichnung des Protokolls
- Namentliche Nennung aller Anwesenden
- Zweck (beispielsweise Protokoll der Teamsitzung) und Datum
- Protokollführer, namentlich
- Verteiler
- Anfangs- und Schlusszeiten
- Tops

Im Protokollschluss stehen:
- Aufführung der Beschlüsse,
- Ort, Datum und Unterschrift des Protokollführers

Je nach Zweck Ihrer Dokumentation können Sie zwischen vier Arten von Protokollen wählen.

Ergebnisprotokoll:
Das Ergebnis- oder Beschlussprotokoll ist die kürzeste Form des Protokolls. In dieser Dokumentation zählen ausschließlich Ergebnisse, Entscheidungen und Beschlüsse, völlig unabhängig davon, wie sie entstanden sind. Teambesprechungen, Vorstandssitzungen und Elternbeiratssitzungen können in dieser Form belegt werden.

Kurzprotokoll:
Diese Form des Protokolls ist etwas ausführlicher, sie gibt die wichtigsten Beiträge der Sitzung in Kurzform wieder. Eltern- und Lehrergespräche oder Mitarbeitergespräche, bei denen nicht nur das Ergebnis, sondern auch die Entstehung von Ideen und die Entwicklung einer Beteiligung dokumentiert werden soll, eignen sich, um ein Kurzprotokoll anzufertigen.

Ausführliches Protokoll:
Dieses Protokoll ist auch unter der Bezeichnung Verlaufsprotokoll bekannt. Hierbei entsteht ein differenzierter Überblick über den Gesamtverlauf der Besprechung. Auch Einzelbeiträge, wichtige Argumente und Statements werden schriftlich fixiert. Ein Verlaufsprotokoll bewährt sich in Kindertageseinrichtungen zur Dokumentation brisanter Inhalte, wie dies beispielsweise bei Kritik- oder Beschwerdegesprächen der Fall ist.

Wörtliches Protokoll:
Das wörtliche Protokoll ist der umfangreichste Report. Sämtliche Redebeiträge müssen dabei wörtlich notiert werden. Die Form des wörtlichen Protokolls kommt in Kindertagesstätten kaum zu Einsatz.

Organisation

Kämpfen Sie in Ihrer Kindertagesstätte mit dem ein oder anderen Organisationsproblem, dann wissen Sie aus leidvoller Erfahrung, dass Unordnung und zu wenig Struktur häufiges Suchen hervorruft, was wiederum viel Zeit kostet.

Auf Ihrem Schreibtisch häuft sich die Arbeit

Alle nutzen Ihren Schreibtisch als Ablageplatz.

Kennen Sie solche Situationen? Ganz nebenbei legt Ihnen jeder völlig unkommentiert Unterlagen, Rückrufnummern, Kopien, Kinderzeichnungen, Anfragen, Klebenotizen auf den Schreibtisch. Ehe Sie zum Bearbeiten kommen, müssen Sie nur noch eben die verschiedenen Schriften entziffern und bei Rückfragen feststellen, wer die jeweilige Notiz abgelegt hat.

Ihr Schreibtisch ist keine Sammelstelle!
- Sprechen Sie den Missstand bei Ihren Kolleginnen an.
- Drücken Sie Ihren Unmut aus.
- Stellen Sie die Regel auf, dass Ihnen persönlich jede Unterlage kurz erläutert wird, bevor sie auf Ihren Schreibtisch kommt.
- Klären Sie nach der Erläuterung sofort, ob Sie die Aufgabe annehmen oder delegieren Sie die Aufgabe.

Ihr Schreibtisch ist viel zu klein.

Die vielen Unterlagen, die darauf Platz haben müssten, passen nicht alle auf Ihren Schreibtisch. Deshalb sind Sie ständig gezwungen, in den Stapeln und Anhäufungen nach bestimmten Papieren zu suchen. Sie verlieren viel Zeit, weil Ihnen der Überblick fehlt, ein Vorgang den nächsten verdeckt. Beim Suchen schichten Sie die Papierstapel immer wieder um und nehmen dadurch jedes Papier unnötig oft in die Hand.

Die Lösung liegt im Umkehrschluss!

- Es liegen zu viele Unterlagen auf Ihrem Schreibtisch herum. Dies behindert beim Arbeiten, schafft Unübersichtlichkeit.
- Arbeiten Sie nach dem „Werkbankprinzip“.
- Nur die Unterlage, an der Sie gerade arbeiten, gehört auf Ihren Tisch!
- Ihr Schreibtisch ist keine Ablagestelle.
- Alles, was Sie häufig brauchen, ist in Reichweite des Schreibtisches.
- Je weniger häufig Sie etwas brauchen, desto weiter ist die Entfernung vom Schreibtisch.
- Nicht auf Ihren Schreibtisch gehören: Kopierer, Stapel mit Kopierpapier, Ordner, alle Unterlagen, an denen Sie derzeit nicht arbeiten.

Der ideale Schreibtisch

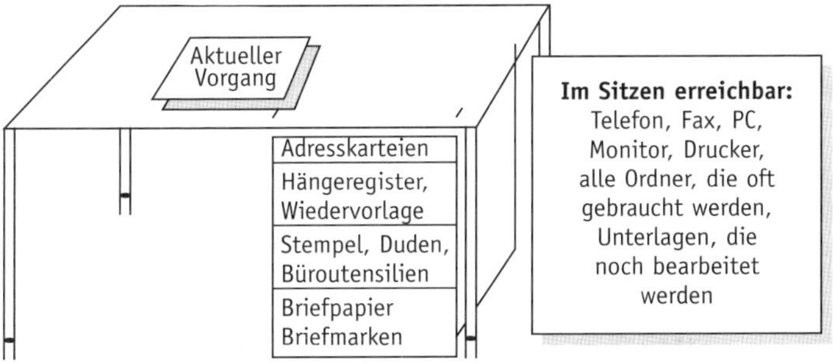

Die Postflut überwältigt Sie

Die Basis jeder Ordnung ist ein großer Papierkorb.
Kurt Tucholsky (1890–1935)

Sie behalten Ihre Zeit im Griff und die Vielzahl der eingehenden Informationen im Blickfeld, wenn Sie bereits beim Öffnen der Post folgende Entscheidungen treffen:

Ist der Inhalt wichtig und von Interesse?

Lautet die Antwort auf diese Frage Nein, dann werfen die das Schreiben sofort weg. Immer, wenn Sie diese Art von Post aufbewahren und später nochmals zur Hand nehmen, lesen und dann erst eine Entscheidung treffen, geht wertvolle Zeit verloren, und die Aufbewahrung kostet unnötigen Stauraum.

Ist der Inhalt wichtig, aber nicht eilig?

Sortieren Sie das Schreiben sofort in Ihre Wiedervorlage oder in die Hängeregistratur unter das passende Register oder Stichwort ein.

Ist der Inhalt wichtig, ist es möglich zu delegieren?

Leiten Sie die Post sofort an die betreffende Person weiter. Nutzen Sie dazu die mitarbeitereigenen Ablagekästen und versehen Sie die Post mit einer entsprechenden Notiz.

Handelt es sich bei der Post um Werbesendungen?

Trennen Sie sich sofort davon! Gibt es in Ihrer Tagesstätte eine Verantwortliche für Bestellmaterial, geben Sie Werbung, die Spiel- und Bastelmaterial betrifft, an sie weiter.

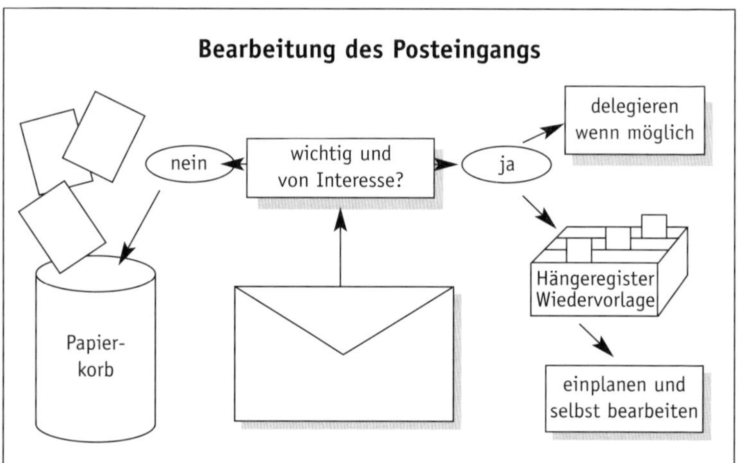

In Ihrem Büro herrscht das Chaos

Suchten Sie schon häufiger nach einem bestimmten Schreiben? Bereitet Ihnen das Ablegen von Unterlagen Schwierigkeiten? Haben Sie Zweifel, welche Schreiben und Dokumente Sie in welchem Ordner ablegen sollten, damit Sie sie auch im Bedarfsfall schnell wiederfinden? Verpassen Sie gelegentlich Termine und Fristen, weil das betreffende Schreiben auf Ihrem Papierstapel längst von neu hinzugekommen Unterlagen verdeckt wurde? – Mit Hilfe verschiedener Ordnungssysteme können Sie dem Chaos im Büro wirksam begegnen.

Nutzen Sie zur Strukturierung Ihrer Unterlagen (Hovermann 2001)
- Hängeregistraturen
- Stehordner
- Wiedervorlagesysteme
- Stapelbare Ablagekästen

Hängeregistraturen

Sie ermöglichen schnellen Zugriff auf Unterlagen aller Art; sie bieten durch individuelle Beschriftungsmöglichkeit einen sehr guten Überblick über die Inhalte. Hängeregistraturen eigenen sich vor allem dazu, um noch nicht bearbeitete Vorgänge – die zwar wichtig, jedoch nicht dringend sind – mit System zu verstauen. Die Ordner im Din a 4 Format hängen an kleinen Bügelchen in einem passendem Fach und können daher schnell herausgenommen und auch wieder eingehängt werden. Die Einteilung, Beschriftung und Untergliederung der Hängeregister geschieht völlig individuell, je nach Bedarf, der in Ihrer Kindertageseinrichtung vorherrscht.
Für die Anordnung bewährt sich folgendes:
- Alphabetische Einteilung
- Anordnung nach Schlagworten z. B. Träger, Eltern, Personal, Jugendamt, Rechnungen, Mahnungen Ferienfreizeit, Kontoauszüge, Diverses ...

Damit Sie keine Fristen mehr verpassen: Notieren Sie bereits dann, wenn Sie einen Vorgang in das Hängeregister einsortieren, in Ihrem Zeitplansystem in der Aufgabenliste, unter welchem Stichwort Sie die Aufgabe eingeordnet haben. Vermerken Sie die betreffende Priorität dazu und den Zeitpunkt der spätesten Fertigstellung.

Nachdem Sie die jeweilige Unterlage aus dem Hängeregister bearbeiteten, wird der Vorgang im betreffenden Ordner abgeheftet.

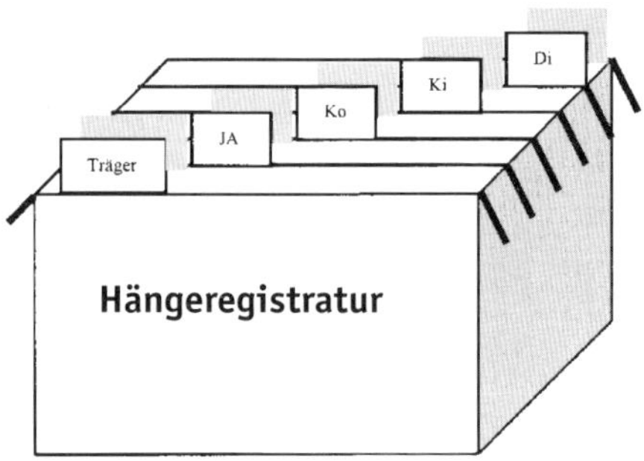

Stehordner

Für Stehordner gibt es fünf verschiedene Ordnungssysteme. Für welches System Sie sich entscheiden, hängt unter anderem von der Größe Ihrer Kindertageseinrichtung ab und auch davon, wie hoch das Verwaltungs- und Archivierungsaufkommen bei Ihnen ist.

Alphabetische Ordnung:

Die alphabetische Einteilung eignet sich in Kindertageseinrichtungen für Kinderakten, die nach dem Anfangsbuchstaben des Zunamens geordnet werden, für Karteien aller Art und für kleinere unterschiedliche Vorgänge, die beispielsweise nur einmal jährlich anfallen. So kann einer Ihrer Ordner mit „ABC diverse Vorgänge" gekennzeichnet werden, in dessen Innenleben unter A *Arbeitsamt*, unter B *BGW-Personalabgaben*, unter F Adressen bundesweiter *Fortbildungsanbieter*, unter S *Sommerfest, Sankt Martin, Steuerbefreiung und Straßenreinigung* abgeheftet werden.

Numerische Ordnung:

Numerische Ordnung heißt ein auf Zahlen aufgebautes Ordnungssystem, das für größere Einrichtungen oder Kindertagesstätten mit eigenem hohem Verwaltungsaufwand in Betracht kommt. Den Zahlen 1., 1.1., 1.1.1. ,1.2., 1.2.1 werden nachfolgend Ordnungsbegriffe zugewiesen. Beispielsweise kann dem Ordner 1 der Überbegriff „Eltern" zugeteilt werden.
Die zugehörige numerische Ordnereinteilung könnte folgendermaßen aussehen:

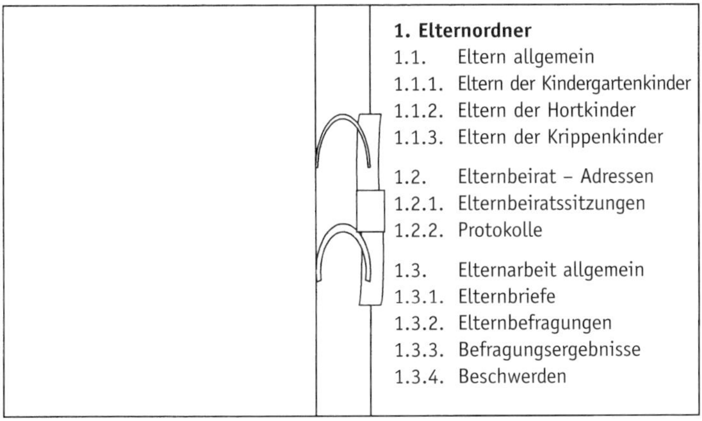

Alpha-Nummern-Ordnung:

Dies ist eine Unterform der numerischen Ordnung. Die Buchstaben stehen für die Grobeinteilung und die Zahlen für feinere Raster. Beliebige Untergliederungen von beispielsweise A1 bis A117 bewähren sich vor allem für größte Einrichtungen mit sehr vielen Plätzen, einem entsprechend großen Personalschlüssel und sehr umfangreichem Verwaltungsaufwand.

Ordnung nach Stichwörtern:

Sie ist bei kleineren Unternehmen mit niedrigem Verwaltungsaufwand – also auch in vielen Kindertageseinrichtungen gebräuchlich. Dabei kategorisieren Sie Ihre Ordnerrücken mit eindeutigen Stichworten, wie beispielsweise Kinder, Eltern, Personal, Gehälter, Jugendamt, Rechnungen, Fortbildung ... Verzichten Sie bei der Beschriftung auf Abkürzungen und gehen Sie vom Grundsatz aus, dass die Ordnerrückenbeschriftung einleuchtend und auch für Außenstehende zu durchschauen sein sollte.

Geografische Ordnung:

Dieses System bietet sich dann an, wenn Sie nach Straßenzügen, Einzugsgebiet, Stadtteilen, Gemeinden oder Bundesländern sortieren wollen.

Aktenplan und farbige Zuordnungen:

Machen Sie Ihre Ordnung deutlich! Je phantasievoller Sie dabei vorgehen, desto weniger Zeit werden Sie künftig mit Suchen verbringen. Ein Aktenplan hilft Ihnen dabei. Der Aktenplan ist ein übergeordnetes Suchwortregister, das Sie beispielsweise in die Schranktüre Ihres Aktenschrankes hängen. Das Suchregister sollte alphabetisch aufgebaut sein, mit einem entsprechenden Verweis auf den jeweiligen Ordner. Beschriften Sie die Ordnerrücken mit Etiketten mittels PC oder von Hand mit vom Weitem lesbarer Schrift. Verwenden Sie keine Abkürzungen, sondern logische und allgemein verständliche Überbegriffe.
Farbige Zuordnungen oder zusätzliche Kennzeichnungen mit Symbolen sind vom Auge schnell zu erfassen, einprägsam und leicht verständlich. Arbeiten Sie mit farbigen Ordnern oder bringen Sie nachträglich zur Beschriftung noch farbige Klebepunkten auf die Ordnerrücken auf. Ein Farbstruktur könnte in Ihrer Kindertageseinrichtung so aussehen:

Gelb: Verbindlichkeiten (Rechnungen ...)
Hellgrün: Zuschüsse (städtische und staatliche Personalkostenzuschüsse)
Dunkelgrün: Sonderzuwendungen, Spenden und Sponsoring...
Blau: Eltern (Schriftverkehr alphabetisch geordnet, Bescheide vom Jugendamt, Protokolle der Elterngespräche ...)
Schwarz: Garantie (alle Neuanschaffungen mit Rechnungskopie und Garantieschein, chronologisch sortiert)
Orange: Team (Besprechungen, Protokolle, Wochenpläne ...)
Rot: Personal (Dienstverträge, Krankmeldungen, Zielvereinbarungen, Stellenbeschreibungen, Leistungsbeschreibungen, Abmahnungen ...)
Rosa: Personalkosten (laufende Auszüge der monatlichen Bruttopersonalkosten, sortiert nach Monat und Kostenstelle)

Ganz gleich, für welche Ordnungsstruktur Sie sich entscheiden, Sie sparen Zeit, wenn Sie die chronologische Ordnung anwenden. Sie beruht auf der Abheftung nach zeitlicher Reihenfolge. Eingänge, Ausgänge, Schriftverkehr, Protokolle, Faxe, Kontoauszüge mit Buchungsvermerken werden immer so abgelegt, dass sich das Aktuelle oben befindet.

Wiedervorlage

Zur Wiedervorlage benötigen Sie ein Hängeregister und 43 Hängemappen. 31 Hängemappen beschriften Sie mit den fortlaufenden Zahlen 1 bis 31 für jeden Tag des Monats. Weitere zwölf versehen Sie mit den Nummern 1 bis 12, für jeden Monat des Jahres.

Wenn Sie nun beispielsweise am 1. Juli die Mappe mit der Zahl eins bearbeitet haben, hängen Sie die Mappe hinter die Zahl 31. Die Nummern zwei, drei usw. stecken Sie Sich nach der Bearbeitung jeweils dahinter. Am Ende jeden Monats sortieren Sie den nächsten Monat in die Wiedervorlage ein. Damit Sie dies nicht vergessen, erscheint der Vermerk „Wiedervorlage einsortieren" in Ihrer Aufgabenplanung und wird dann am Monatsende in Ihre Tagesplanung übertragen.
Alternativ können Sie bei kleineren Kindertagestätten mit weniger Büroaufwand nur 12 Hängemappen einordnen, dann steht Ihnen pro Monat lediglich eine Mappe zur Verfügung.

Stapelbare Ablagekästen

Diese eignen sich als Verteilerkästen bei kleineren wie größeren Einrichtungen. Jede Mitarbeiterin hat eine eigene namentlich gekennzeichnete Ablage im Verteilerkasten. Hauspost, Werbung, Gehaltsabrechnungen, Notizen, Kurzinfos, Telefonnotizen, Kopien, Umläufe können mit geringem Zeitaufwand an die betreffende MitarbeiterIn verteilt werden.

Sieben Tipps
für zeitsparende und erfolgreiche Ablageverwaltung

- Planen Sie genügend Zeit ein, um Ihre Ablage zu verwalten (je nach Größe Ihrer Einrichtung mindestens einmal wöchentlich).
- Selektieren Sie jedes Schriftgut gründlich beim Erhalt.
- Verringern Sie Ihre selbst produzierten Schreibarbeiten.
- Nutzen Sie so oft es geht Telefon, Fax, Email und handschriftliche Kurznotizen.
- Bündeln Sie und fassen Sie gleichartige Aufgaben zusammen: Verrichten Sie Schriftverkehr, alle anstehenden Telefonate und das Sortieren von Akten im Block.

- Übersicht und Ordnung sind die Grundsätze für Ihr Ordner- und Ablagesystem. Im Falle Ihrer Abwesenheit sollte Ihre Stellvertreterin damit zurechtkommen.
- Damit die Ordnung auch Spaß macht: Nutzen Sie Farben, Symbole, logische Überbegriffe und ein gut verständliches übergeordnetes Suchwortregister.

Das Telefon nimmt viel Zeit in Anspruch

Wenn Sie bemerken, dass Sie viel Zeit durch das Telefon verlieren, sollten Sie auch beim Telefonieren in Ihrer Einrichtung eine gewisse Systematik einführen. Je besser Sie ein Telefonat vorbereiten und je präziser Sie den Grund Ihres Anrufes benennen können, desto mehr Zeit sparen Sie. Die Vorbereitung eines Telefonates beginnt bereits, bevor Sie den Hörer abnehmen. Immer dann, wenn ein wichtiges Telefonat ansteht, sollten Sie nach Hovermann (2001) einige Zeit investieren und folgende Überlegungen anstellen.

Fragestellungen zur Vorbereitung Ihres Telefonates:
- Was wollen Sie erreichen?
- Wen müssen Sie dazu sprechen?
- Welche Unterlagen benötigen Sie?
- Welche Unterlagen benötigt Ihre TelefonpartnerIn?
- Wie werden Sie argumentieren?
- Welche Einwände erwarten Sie?
- Wie gehen Sie damit um?
- Zu welchen Kompromissen und Zugeständnissen sind Sie bereit?

Telefonieren im rechten Moment

Sparen Sie Zeit durch Telefonieren im rechten Moment. Wiederholtes Anrufen, vergebliche Rückrufe und Fehlanrufe, bei denen Sie niemanden erreichen kosten Arbeitszeit und Geld. Wählen Sie deshalb geschickt Ihre Zeiten, in denen Sie telefonieren.
Ungünstig für Anrufe sind folgende Zeiten:
- Montag morgens. Die ersten Stunden nach dem Wochenende sind generell ungünstig, da überall viele andere Aufgaben anstehen.
- Freitag nachmittags. Durch Gleitzeit bedingt, treffen Sie zu dieser Zeit in Ämtern kaum jemanden an.

- Zeiten vor 8 Uhr morgens. Behörden und Verbänden sind häufig erst ab 9 Uhr besetzt.
- Die Zeit von 9:30 Uhr bis 10:00 Uhr wird oft zur Frühstückspause genutzt.
- Behörden und Firmen machen vielfach von 12:00 bis 14:00 Uhr Mittagspause.

Eine gute Wahl treffen Sie, wenn Sie zu folgenden Zeiten anrufen:
- Anrufe bei Behörden, Ämtern und Verbänden: Vormittags von 9:00 Uhr bis 12:00 Uhr.
- Anrufe beim allgemeinen Sozialdienst und mobilen Diensten: Morgens zwischen 8:00 Uhr und 9:00 Uhr, bevor die MitarbeiterInnen ihre Hausbesuche antreten.
- Anrufe in anderen Kindertageseinrichtungen: Günstig bei Kindergärten sind Anrufe am Nachmittag; in Kinderhorten ist die Erreichbarkeit am Vormittag besser.
- Anrufe bei der örtlichen Presse: Journalisten kommen später und bleiben länger. Sie sind meist ab 10:00 Uhr im Büro anzutreffen.
- Generell ist die Wahrscheinlichkeit, dass Sie jemanden erreichen, dienstags bis donnerstags von 10:00 bis 12:00 Uhr und von 14:00 Uhr bis 15:00 Uhr am größten.

Tipps für effektives Telefonieren

Zuhören
- aussprechen lassen
- nicht abrupt unterbrechen
- zwischendurch bestätigen
- aktiv Zuhören
- Verständnisfragen stellen

Notieren
- auf Block oder Formblatt
- mit Bleistift
- wichtigste Notizen wiederholen
- Zahlen und Fakten mitschreiben
- Name der GesprächspartnerIn
- Datum festhalten

Sprechen
- klar und deutlich
- genau artikulieren
- auf Melodie und Rythmus achten
- am Telefon „lächeln“
- wichtige Gespräche im Stehen führen
- Wichtiges immer Zusammenfassen

Unarten vermeiden
- Hörer einklemmen
- Hand vor den Mund halten
- nebenher arbeiten (tippen, faxen, blättern)
- essen, rauchen, Kaugummi kauen
- laute Gespräche im Hintergrund
- laute Musik hören

Formblätter für Telefonnotizen sparen Zeit.

Entwickeln Sie sich Formblätter für Ihre Telefonnotizen, die Sie auf farbiges Papier kopieren. Ihre handschriftlich eingefügten Telefonnotizen können Sie dann direkt als Dokumentation des Gesprächs in den betreffenden Ordner einheften. Durch das farbige Papier fallen Ihre abgehefteten Gesprächsnotizen sofort ins Auge!

Telefonnotiz

GesprächsführerIn: ______________	Grund des Gesprächs: ______________
TelefonpartnerIn: ______________	Datum: ______________

Vorüberlegungen	**Gesprächsmitschriften**	**Ergebnisse, Beschlüsse**

Der Umgang mit ungebetenen Anrufern

Sie wissen sicher aus leidvoller Erfahrung, dass professionelle TelefonverkäuferInnen Ihnen wertvolle Arbeitszeit rauben können. Woher auch immer, die TelefonverkäuferIn kennt in der Regel den Namen der Leiterin Ihrer Einrichtung. Offeriert werden meist Sonderangebote, die angeblich nur ein bis zwei Tage gültig sind, so dass ein gründlicher Preisvergleich von vornherein ausscheidet.

Wenn Sie im Umgang mit professionellen Telefonverkäufern Zeit sparen wollen, nutzen sie die folgenden Ratschläge:

- Informieren Sie Ihr Team über diesen Sachverhalt und besprechen Sie einheitliche zeitsparende Reaktionen.

- Schirmen Sie Ihre Leiterin ab – oder lassen Sie sich abschirmen.
- Wenn Sie nichts kaufen wollen, sagen Sie dies rasch, freundlich und bestimmt, bevor der Telefonprofi alle Angebote aufzählt.
- Beenden Sie danach umgehend das Gespräch.
- Wenn Sie Interesse an einem bestimmten Artikel haben, fragen Sie gezielt danach, ohne sich die Vielzahl der weiteren Sonderangebote anzuhören.
- Gehen Sie niemals Geschäfte ein, ohne vorher die Preise genau zu vergleichen.
- Haben Sie Zweifel an der Seriosität des Angebotes, lassen Sie sich die Unterlagen schriftlich zukommen.

Für Ihre Praxis: Arbeitshilfen und Formblätter

Aufgabenspeicher

Priorität A, B, C	Spätestens fertig bis	**Aufgabe, Aktivität**	**Wer ist zu-ständig**	**Bemerkungen** (geschätzter Zeitaufwand, Suchwort im Hängeregister...)	**ok ?**

Arbeitshilfe zur Standardisierung von Routinetätigkeiten

Aufgabe: ____________________

Erledigung: ☐ eilt sehr ☐ laufende Woche ☐ nach freier Zeiteinteilung Erledigt von: ____________________

Kopieren	Rückruf	Nachricht	Termin	Aktenablage	Durchsicht	Sonstiges
☐ ……..Stück	☐ Tel-Nr. ……………	☐ von ……………	☐ ……………	☐ Kinder A - Z	☐ zur Information	☐
☐ vergrößern ……… %	☐ Name ……………	☐ für ……………	☐ Grund ……………	☐ Eltern A - Z	☐ für ……………	☐
☐ verkleinern ……… %	☐ Grund ……………	☐ weiterleiten an ……………	☐ betrifft …………… ……………	☐ Jugendamt	☐ bitte Korrektur	☐
☐ Papierfarbe ……………	☐ dringend	☐ Aktennotiz anfertigen	☐ weiterleiten an ……………	☐ Finanzen	☐ prüfen	☐
☐ heften	☐ spätestens ……………	☐ Bemerkung …………… ……………	☐ weitere Schritte	☐ Zuschüsse	☐ weiterleiten an ……………	☐
☐ lochen	☐ Bemerkung …………… ……………	☐ sonstiges ……………	☐ sonstiges ……………	☐ sonstiges ……………	☐ sonstiges ……………	☐
☐ verteilen an ……….	☐ sonstiges ……………	Erledigt am: ____________________		Unterschrift: ____________________		

Formblatt für Elterngespräche

(bei Bedarf abwandelbar in Formblatt für Gespräch mit sozialen Fachdiensten, für Lehrergespräch ...)

Elterngespräch

Kind:

Gesprächsteilnehmer:

verantwortlicher ErzieherIn/ProtokollantIn:

Datum:

Ort:

Anlass: ☐ Routine ☐ Elternwunsch ☐ Elternabend
☐ Anregung der ErzieherIn
☐ Probleme ....

Vorüberlegungen	Inhalt des Elterngesprächs	Ergebnisse, Beschlüsse, Bemerkungen

Formblatt für MitarbeiterInnengespräche

MitarbeiterInnengespräch

MitarbeiterIn:

LeiterIn:

Datum:

Ort:

Anlass: ☐ Routine (Jahresgespräch ...) ☐ Wunsch der MitarbeiterIn
☐ Bilanzgespräch (Ende der Probezeit) ☐ Fördergespräch
☐ Probleme ....

Vorüberlegungen	Inhalt des MitarbeiterInnengesprächs	Ergebnisse, Bemerkungen, Vereinbarungen

Förder- und Entwicklungsmaßnahmen für die Zeit vom _______ bis _______ :

Zielvereinbarungen für die Zeit vom _______ bis _______ :

Stellungnahme der MitarbeiterIn:

Datum, Unterschrift MitarbeiterIn

Datum, Unterschrift LeiterIn

Formblatt Teamwochenplan

Teamwochenplan für die Woche vom .... bis										
	Montag		Dienstag		Mittwoch		Donnerstag		Freitag	
	was?	wer?	was?	wer?	was?	wer?	was?	wer?	was?	wer?
6 7										
8 9 10 11 12 13										
14 15 16 17										
18 19										

Barkasse-Abrechnung im Monat							
Einnahmen	**€**	**Ausgaben**					
		Betrieb	€	Küche	€	Personal	€

Abgleich	**€**
Kassenstand Vormonat:	€
+ Einnahmen	€
- Betriebsausgaben	€
- Küchenausgaben	€
- Personalausgaben	€
Kassenstand am	**€**

Formblatt Beitragsbescheinigung

(Diese Bescheinigung ist nur über den von den Eltern tatsächlich entrichteten Betrag auszustellen – Beiträge, die vom Jugendamt übernommen werden, dürfen nicht aufgeführt werden.)

Bescheinigung über entrichtete Beiträge für Kindertagesbetreuung für die Lohnsteuer- bzw. Einkommenssteuererklärung

Frau/Herr/Familie ______________________________
(nicht Zutreffendes streichen) (Familienname)

entrichtete im Jahr _______ für das Kind namens ______________________
(Familienname, Vorname)

Januar € ____________
Februar € ____________
März € ____________
April € ____________
Mai € ____________
Juni € ____________
Juli € ____________
August € ____________
September € ____________
Oktober € ____________
November € ____________
Dezember € ____________

Die aufgeführten Beiträge wurden von den Eltern selbst für die Betreuung in unserer Kindertagesstätte ____________________ entrichtet.

Die genannten Beiträge staffeln sich folgendermaßen:
€ ____________ für Erziehungsbeitrag
€ ____________ für Spielgeld
€ ____________ für Mittagessen
€ ____________ für sonstiges, ____________________

____________________ ____________________
Datum Stempel, Unterschrift

Zählhilfe für statistische Erhebungen

Nationalitätenerfassung									gesamt
Afrikanische Kinder	~~IIII~~								
Amerikanische Kinder									
Arabische Kinder									
Deutsche Kinder									
Englische Kinder									
Italienische Kinder									
Kroatische Kinder									
Polnische Kinder									
Rumänische Kinder									
Russische Kinder									
Serbische Kinder									
Spanische Kinder									
Thailändische Kinder									
Vietnamesische Kinder									

Altersverteilung									gesamt
02 Jahe									
03 Jahre									
04 Jahre									
05 Jahre									
06 Jahre									
07 Jahre									
08 Jahre									
09 Jahre									
10 Jahre									
11 Jahre									
12 Jahre									
13 Jahre									
14 Jahre									
15 Jahre									
16 Jahre									

Beitragszahler									gesamt
Eltern selbst									
Jugendamt									
Landratsamt									
Sonstige									

Formblatt Überstunden

Überstunden von ______________________ im Jahr ________

Überstunde am......./Grund	Anzahl	Minusstunde am	Anzahl

Abgleich der individuell geleisteten Überstunden

Überstunden insgesamt	Minusstunden insgesamt
______________________ Unterschrift Leiterin	______________________ Unterschrift Mitarbeiterin

Dokumentationshilfe für Vorstellungsgespräche

(vor und nach dem Vorstellungsgespräch auszufüllen)

Vorstellungsgespräch
BewerberIn/Name:
anwesende Personen:
Datum:
Ort:
SchriftführerIn:

Erster Eindruck

- ☐ nervös, unsicher
- ☐ schüchtern
- ☐ wirkt desinteressiert
- ☐ freundlich
- ☐ lebhaft, aufgeschlossen
- ☐ freundlich, aufgeschlossen
- ☐ sonstiges ....
- ☐ verhalten
- ☐ kaum Blickkontakt
- ☐ abweisend
- ☐ direkter Blickkontakt
- ☐ viele Interessensfragen
- ☐ selbstbewusst

Vorüberlegungen	**Inhalt des Vorstellungsgesprächs**	**Bemerkungen, Vereinbarungen, Besonderheiten**

Vorlage Mind-map

(Mind-map zur Vorbereitung von Aktionen, Festen, Öffentlichkeitsarbeit, zur Planung Ihrer eigenen Rede und zur schnellen Aufarbeitung von Fachartikeln)

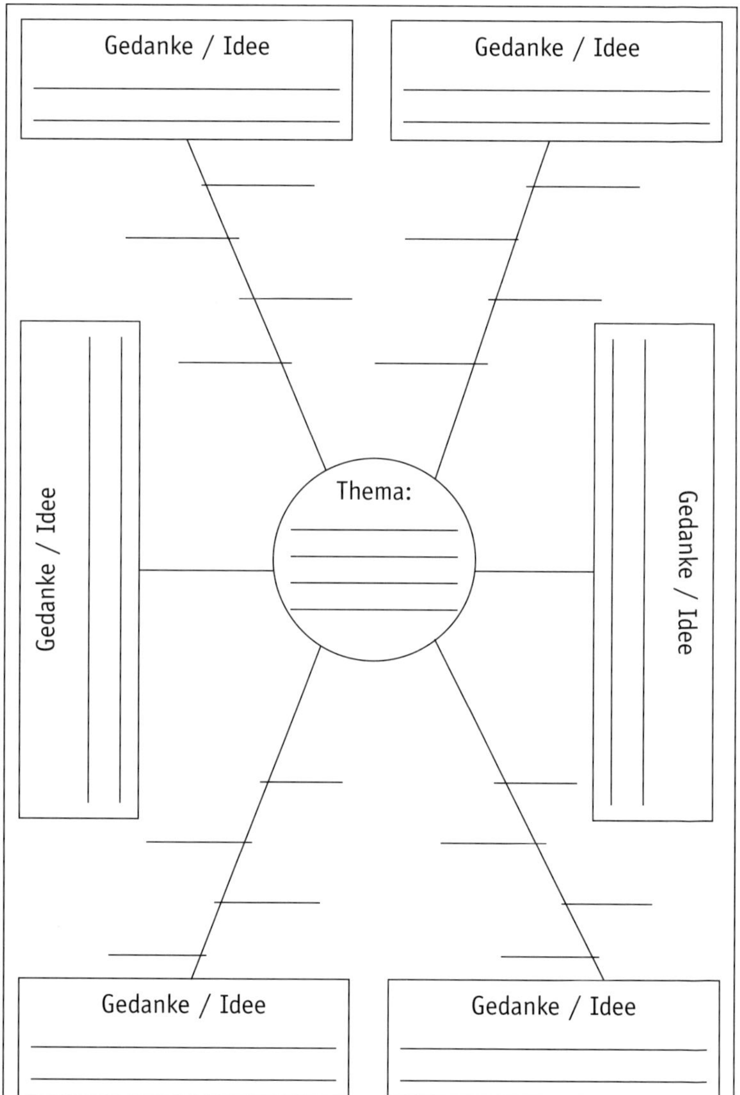

Zu guter Letzt

Du musst Chaos in dir tragen,
um einen tanzenden Stern zu gebären.
Friedrich Nietzsche (1844–1900)

Dies sei ein Trost für all diejenigen, die sich so unendlich schwer tun mit dem Einteilen und Managen ihrer Zeit und für jene, die in Ordnungs- und Organisationsfragen regelmäßig versagen.

Ann Mc-Gee Cooper (1993) unterscheidet zwischen konvergenten und divergenten Menschen. Während konvergente Menschen Zeitmanagement sehr gut selbst anwenden können, galten alle Divergenten lange Zeit als schlechtes Beispiel. Bei ihnen dominiert die rechte Gehirnhälfte, sie sind von Haus aus weniger strukturiert, sie gelten als fantasievoll, kreativ, sprunghaft und leicht ablenkbar. Divergente Menschen fühlen sich dann wohl, wenn sich die Ereignisse überschlagen. Sie arbeiten häufig in schnelllebigen Branchen, sie lesen mehrere Bücher gleichzeitig, führen problemlos viele Aufgaben parallel aus und erzielen unter Zeit- und Arbeitsdruck die besten Ergebnisse.

Ganz gleich, zu welcher Gruppe Sie sich rechnen, suchen Sie Strategien aus, von denen Sie sich vorstellen können, Sie auf Ihre Person und auf Ihr Praxisfeld übertragen zu können. Zeit- und Selbstmanagement ist keine Technik, die sofort und ohne Mühe angewendet werden kann. Zeit- und Selbstmanagement ist weit mehr als eine Sichtweise: Es ist die Einstellung, wie Sie mit Ihrer Zeit und damit mit Ihrem Leben umgehen.

Literatur und Quellen

Buzan, T.; Buzan, B. (1996): Das Mind-Map Buch, Landsberg. Moderne Industrie

Covey, S. R. (1998): Der Weg zum Wesentlichen. Zeitmanagement der vierten Generation, Frankfurt. Campus

Geisselhart, R.; Hofmann C. (2000): Stress ade, Planegg. STS Verlag

Geißler, K. A. (2000): Zeit – verweile doch ... Lebensformen gegen die Hast, Freiburg. Herder

Gilde, W. (1985): Wege zum Erfolg, Leipzig. Mitteldeutscher Verlag

Graichen, W.; Seiwert L. J. (1991): Das ABC der Arbeitsfreude, Offenbach. Gabal

Hovermann, C. (2001): Das Sekretärinnen-Handbuch, Bonn. Verlag für die deutsche Wirtschaft

Jeanmaire, T. M. (1999): Meditation, Kreuzlingen. Bodan

Jonet, J. (2001): Der Uhrknall in: www.focus.zeitmanagement.de

Kleeve, V. (2002): ... endlich mehr Zeit, in: Bizz, Ausgabe 1, 2002

König, D.; Roth, S.; Seiwert, L. J. (2001): Dreißig Minuten für optimale Selbstorganisation, Offenbach. Gabal

Konnerth, T. (2001): Gründe für das Delegieren, in: www.zeitzuleben.de

Marchand, R.; Boethuis S. (2001): Das Vorsprungsprinzip, Wien. Wirtschaftsverlag Ueberreuter

McGee-Cooper, A.; Trammel, D. (1993): Time Management for unmanageable people, London. Bantam

Seiwert, L. J. (1998): Wenn du es eilig hast, gehe langsam, Frankfurt. Campus

Seiwert, L. J.; Müller, H.; Labaaek-Noeller, A. (2000): Dreißig Minuten Zeitmanagemennt für Chaoten, Offenbach. Gabal

Steffens, M: Personalentwicklung, 1100 Illustrationen für Ihre erfolgreiche Präsentation, Koblenz, MSP

Voss, J. (2001): Delegieren und Widerstände in: www.projektmagazin.de

Wieke, T. (2000): Don't panic. Meetings, Frankfurt. Eichborn

Internetquellen:

www.zeitzuleben.de/inhalte/persönlichkeitsentwicklung/ziele
www.methode.de
www.infoquelle.de
www.projektmagazin.de
www.psychol.uni-giessen.de
www.uni-duisburg.de
www.aphorismen.de (alle Zitate)

Die Kunst, überzeugend zu reden

112 Seiten, Schaubilder,
kartoniert
ISBN 3-7698-1296-4

Petra Lachnit

Sicher reden – anschaulich präsentieren

Erfolgreiche Vortrags- und Visualisierungstechniken für die Kita-Praxis

„Der gut strukturierte und praxisnahe Leitfaden macht Lust zum Ausprobieren, Üben und Anwenden."

Kindergarten Schweiz, 11/2001

Sponsored by ...

112 Seiten, Schaubilder,
kartoniert
ISBN 3-7698-1239-5

Christa Zeller

Sozial-Sponsoring

Gewinnbringende Zusammenarbeit zwischen Kitas und Unternehmen

„... etwas Besseres zum weiten Feld des Sozial-Sponsoring ist derzeit nicht auf dem Markt."

Kirstin Schiewe, Impulse 2001